Arbi, ¿qué pitas?

Las Reglas de Árbitro10

Arbi, ¿qué pitas?
Las Reglas de Árbitro10

(Temporada 2018-2019)

Xabier Rodríguez Campos

Arbi, ¿qué pitas? Las Reglas de Árbitro10
Edición temporada 2018-2019

© Xabier Rodríguez Campos, 2018
© Santiago Gutiérrez Gómez, por la ilustración de portada, 2018
Maquetación: Alejandro Vázquez García
ISBN: 978-84-09-05959-1

Como usar este libro

El fútbol sin imágenes es como un árbitro sin silbato. Por eso, nos apoyaremos en vídeos, fotografías o enlaces a noticias para explicar mejor las Reglas. Para facilitar su acceso al tiempo que se lee, incluimos códigos QR que se escanean fácilmente con una aplicación gratuita de móvil. Si aún no la tenéis descargada, podéis buscar entre los cientos de ellas que hay, tanto en Google Play o la Apple Store.

Por si alguien es muy perezoso para esto de los QR, los enlaces también están disponibles en la web **www.lasreglasdexabi.com**. Allí también encontraréis información y novedades sobre este libro, así como un enlace para hacer llegar comentarios, dudas, críticas, sugerencias e incluso felicitaciones, esas a las que los árbitros no estamos muy acostumbrados.

ÍNDICE

PRÓLOGO

8 de diciembre de 1863. Once clubes ingleses se reúnen por sexta vez para crear el primer reglamento unificado del fútbol. Por fin hay fumata blanca en la Freemasons Tavern y, en un manuscrito de apenas seis páginas, se redactan las trece primeras normas. Se definen las medidas máximas del campo, se prohíbe correr con el balón en las manos, empujar, sujetar, zancadillear y, en un ataque a la tradición, las patadas por debajo de la rodilla. Todo pase hacia un compañero adelantado es fuera de juego. No hay tiempo ni voluntad de meterse en más detalles y hasta el número de jugadores queda a expensas del acuerdo previo entre los equipos.

28 de junio de 2018. Minuto 16 del partido entre Colombia y Senegal. El árbitro, Milorad Mazic, pita un penalti a favor de los africanos. En esto, escucha una voz cercana que le habla a mil kilómetros de distancia.

—Espera, espera, estamos comprobando… toca balón. Para mí, no hay penalti.

Mazic abandona el campo y analiza durante unos segundos lo que ve en un pequeño monitor mientras en las pantallas del estadio se anuncia *Possible Penalty Review*. Con rostro serio, confirma lo que le cuentan.

—Tienes razón.

Aquí acaba el diálogo con su ángel de la guarda. El árbitro vuelve, dibuja un rectángulo con sus manos y cambia el penalti por un balón a tierra.

Han pasado 155 años entre las primeras Reglas y el Mundial del VAR. No solo ha evolucionado la tecnología, más allá de lo profetizado en aquellos años por Julio Verne. La jugada sancionada en el estadio de Samara y rectificada desde Moscú incluye otras palabras excluidas de aquel texto de 1863. El penalti era algo impensable, porque nadie merecía tanto castigo. Tampoco existían pitido ni silbato, que no se emplearía hasta la década siguiente, entre otras cosas, y esta sí que es sorprendente, porque no había árbitro.

Manuscrito con las primeras normas de 1863[1]

Aquel deporte de caballeros, en el que los capitanes dirimían con buena fe cualquier disputa, es hoy una utopía. Ningún partido, ni de niños ni amistoso, se entiende sin un juez que aplique unas Reglas de Juego que ya ocupan más de 200 páginas, donde se detallan supuestos tan extraños como el lanzamiento de objetos hacia el balón, invasiones de campo de jugadores expulsados o el tipo de lemas admisibles en la ropa deportiva. Aún así, quedan lagunas porque las acciones que se pueden dar en un partido de fútbol son infinitas. La IFAB (International Football Association Board), organismo que elabora el reglamento, las va aclarando año tras año. Ahí siguen mandando las federaciones británicas, que ostentan cuatro votos, los mismos que la FIFA. Por algo son los inventores del fútbol.

Del libro azul a Arbi, ¿qué pitas?

Os había contado en el prólogo de la primera edición mi doble decepción con aquel libro de portada azul que me habían dado en mi

---

1. © *Museo de la FIFA*

primera visita al Colegio de Árbitros, allá por 1993. El reglamento me pareció un tostón y, además, habían aplazado mi ilusión por arbitrar hasta que creciese en edad y altura. Afortunadamente, cuatro meses después me dieron el premio a la perseverancia y me permitieron coger una bandera para hacer de juez de línea. Tanto quería agradar que saltaba la pequeña valla que rodeaba el campo para recogerles el balón a los jugadores que iban a sacar de banda. También descubrí que, más allá del texto oficial, las normas del fútbol podían ser muy divertidas. Aquellas clases donde debatían qué hacer si el balón se quedaba en el larguero me resultaban apasionantes y por fin cayó en mis manos aquella joya que era el reglamento de Escartín. Dos décadas después de su última publicación, muchos de sus consejos y su forma de entender el espíritu del juego siguen siendo válidos.

Hubo un día, en un partido de la máxima categoría juvenil, en el que cometí el insólito error de hacer sonar el silbato antes de que el balón entrase en la portería. Es más, jamás llegó a entrar. Un defensa lo sacó claramente sobre la línea, pero a mí me pareció que iba a ser gol claro y se me escapó el pitido. No me quedó más remedio que dar un balón a tierra, lo que se convertía en un problema para el equipo defensor, ya que sus adversarios no estaban dispuestos a dejar pasar la ocasión que les brindaba un error del árbitro. Mi cabeza no paraba de darle vueltas a la posibilidad de que eso acabase en gol, consecuencia de mi estúpida precipitación. Entre una melé de atacantes y defensas, empecé con mi operación para evitarlo. Me llevé el balón a una esquina de la frontal del área de meta, cuando el bote debería ser realizado justo de frente a portería. Exigí a los jugadores que guardasen una distancia al balón, algo que no existe en un bote neutral. Después de dos intentos en los que la pelota fue tocada antes de que llegase al suelo, a la tercera fue la vencida. No es que por fin se cumpliese el procedimiento, pero esta vez el defensa consiguió anticiparse y alejar el balón de la zona de peligro. El juego siguió y nadie reclamó nada.

Siempre nos quejamos, con razón, de que muy pocos jugadores se preocupan de mirar el reglamento, lo que les lleva a protestar cosas inverosímiles. Sin embargo, ese día me di cuenta que hubiese sido mucho más peligroso toparme con un futbolista que sí lo conociese para poder replicar mi irregular forma de hacer justicia. Como comprenderéis, no salí muy orgulloso del campo. Después de tantos años adorando el libro, lo había mandado conscientemente a la hoguera. Quizá como penitencia, en 2012 se me ocurrió crear Arbitro10 junto a mi compañero Álex Vázquez. En esa web comentamos cientos de jugadas y miles de preguntas para acercar las Reglas de Juego a árbitros y al resto del mundo del fútbol. Sin embargo, creía que aún seguía faltando algo muy necesario para completar la divulgación de esta parte tan interesante y desconocida de nuestro deporte. Llevábamos años sin que nadie se lanzase a publicar un reglamento comentado. ¿Por qué no iba a ser yo el que intentase emular a Escartín?

Reglamento de Escartín.
Edición 1942

Manual de Rodríguez Ten

Arbi, ¿Qué pitas?
Temporada 2017/2018

Empecé a escribir en noviembre de 2016. Lo hacía sin agobios, pero con la fecha fijada del inicio de la siguiente temporada. Me divertía buscando historias, descubriendo que el gol olímpico no fue marcado en unos Juegos, que el penalti lo inventó un portero llamado McCrum y la trampa del fuera de juego un defensa llamado McCracken. Mi único objetivo era que el lector aprendiese algo nuevo de forma amena. Al mismo tiempo, investigaba como publicarlo para al final acabar recurriendo a la autoedición, con todo el trabajo extra que generaba. Ya os podéis imaginar los problemas de no ser un escritor de best seller. Tampoco

Enlace P.1 Prólogo de la
primera edición

nadie sabía lo que estaba tramando porque tenía miedo a cansarme antes de terminar y que todo quedase reducido a un globo sonda. Quizá lo más desesperante era revisar una y otra vez lo escrito y descubrir una y otra vez erratas.

Vídeo P.2 Las novedades de las Reglas 18/19

Por fin, justo un año después de sentarme frente a una hoja en blanco, tenía un *Arbi, ¿qué pitas?* en mis manos. Era una sensación parecida a la primera designación, a la primera vez que me vestí como árbitro. Solo faltaba que alguien lo leyese para sentirme completamente realizado. Aunque intuyo que algunos me felicitaron sin pasar de la décima página (gracias por el cumplido), sé que otros lo digirieron e incluso lo disfrutaron. Desde árbitros a entrenadores, algunos jugadores e incluso una madre de un joven futbolista que un día se me acercó para que se lo firmase. Lo había comprado porque quería entender un poco más sobre la pasión de su hijo. Momentazo para un autor novel de un tema tan friki como el reglamento del fútbol.

Muchos de estos lectores me preguntaban lo mismo. ¿Hablas del VAR? Pues no, en la primera edición no lo mencionaba porque aún era un experimento que no estaba incluido en las Reglas. Esta temporada es ya una realidad y merece un capítulo aparte. Pero hubo más cambios que iréis descubriendo a lo largo del libro. También he añadido novedades en forma de jugadas, historias y anécdotas, para que veáis que esto de saber las normas puede ser útil, divertido y tan sencillo cómo la respuesta de aquel árbitro a la pregunta de qué había que hacer si el balón se pinchaba durante el partido: pedir otro.

PARTE 1
EL ESCENARIO

Regla 1. El terreno de juego

Cuando la pelota empezó a rodar, en 1863, lo hizo entre dos porterías sin larguero y cuatro banderas, una en cada esquina. Los pocos que aún juegan en la calle saben que no se necesita mucho más para montar un partido. No hacían falta áreas porque no había penaltis ni porteros. El travesaño era prescindible porque el gol valía a cualquier altura. El círculo central resultaba aún más intrascendente que ahora. El campo no tenía líneas. Las únicas obligatorias en las primeras Reglas eran las que delimitaban el terreno de juego y no había que pintarlas porque eran imaginarias.

A pocos se les ocurriría pensar que los banderines de esquina, esos tan insignificantes que incluso los tuvo que reclamar el árbitro Taylor segundos antes de empezar la final del Mundial de 1974 ante el olvido de los organizadores, suponían un elemento clave en aquellos primeros partidos. A falta de cal o pintura, eran la única referencia visual para saber si la pelota salía del campo ya que marcaban los vértices de un rectángulo que podía llegar a ser mucho más extenso que el de ahora. El fútbol nació sin problemas de espacio, ya que se establecía una medida máxima de 200 yardas de largo y 100 de ancho, lo que haría posible un campo de 180 x 90 metros. No quedaba fijada una medida mínima. Como el número de jugadores para disputar el encuentro se acordaba entre los capitanes, no había problema en adaptarlo a las dimensiones del campo.

Una vez fijado el número de jugadores en once (obligatorio desde 1897), el campo encogió. Ya en 1891, se fijaron las medidas actuales: un máximo de 120 metros de largo y 90 de ancho y un mínimo de 90 de largo y 45 de ancho. Un amplio margen que se reduce para partidos internacionales a un máximo de 110 x 75 y un mínimo de 100 x 64. Desde 2016, los organizadores de las competiciones pueden regular, dentro de estos intervalos, sus propias medidas. Un campo 90 x 90 estaría prohibido: sería un cuadrado y no un rectángulo.

A las líneas más largas que delimitan el campo se les llama líneas de banda. A las más cortas, de meta (no de fondo, ni de gol). Se permite que tengan una anchura máxima de 12 centímetros y tiene que ser idéntica a la de los postes, para evitar la paradoja de que un balón pueda atravesar completamente la línea de meta sin traspasar el plano formado por la portería.

La distancia entre los postes ha sobrevivido desde los primeros tiempos y se mantienen aquellas 8 yardas originales (7,32 metros). La altura de la portería tomó como referencia esa medida para dividirla entre tres y establecerse en 2,44 metros, aunque lo hizo de forma progresiva. En 1863 no había límite para que un gol fuese válido siempre y cuando se metiese el balón entre estos palos. En 1866 se decidió colocar una cuerda y en 1875 fue sustituida por el travesaño.

La portería mide el triple de ancho que de alto, como el área grande multiplica en esa proporción las distancias de la pequeña. Se miden 16,50 metros desde la parte interior de los postes sobre la línea de meta y otro tanto desde la línea de meta hacia dentro del terreno de juego frente a 5,50 metros de su hermana menor. Por cierto, el área grande y pequeña no existen en las Reglas. Oficialmente, están bautizadas como área de penalti y área de meta.

En medio, a los 11 metros de la portería, está el punto de penalti, que perdió su medida en 1995. Estaba fijada en 22 centímetros de diámetro, un número nada caprichoso, ya que se corresponde con el espacio que ocupa un balón de medidas reglamentarias. Hay un interesante debate sobre si es necesario que en un penalti el balón se sitúe exactamente sobre el punto o simplemente lo toque. Los árbitros suelen permitir lo segundo, aunque quizá, al ser un punto y no un área, lo más correcto sea lo primero.

Todo buen aficionado sabe que las líneas se consideran parte del área que delimitan. Una falta directa cometida por el equipo defensor sobre la línea del área de penalti, es penalti. Un balón que no traspasa completamente la línea de banda o meta, se considera que no ha salido del campo. Por eso, en los saques de esquina se permite el lanzamiento si el balón está sobre la línea del área de esquina, aunque parte de él esté fuera. Esa línea está a un metro del banderín, cuyo poste debe medir 1,50 metros como mínimo. ¿Y cómo máximo? No hay límite. La preocupación es que si es demasiado bajo, los jugadores puedan clavárselo. Todavía persiste en las Reglas la posibilidad de incluir banderines a la altura de la línea media, a más de un metro de la banda. Su utilidad en un campo bien marcado es nula y solo tenían sentido cuando la línea divisoria no se pintaba o se borraba, para facilitar al árbitro una referencia en el fuera de juego.

A 9,15 metros de este cuadrante puede marcarse, perpendicular a las líneas de banda y meta, la distancia mínima a la que se situarán los adversarios en la ejecución de un córner. Esta distancia se repite para marcar el círculo central (9,15 metros de radio desde el punto central) y el semicírculo del área (9,15 metros de radio desde el punto de penalti). Su única función es indicar el lugar en el que los jugadores pueden estar en el saque inicial y en el penalti. Esa medida, tan repetida en el fútbol, no es casualidad. Es la equivalencia en el sistema métrico de las 10 yardas inglesas. Por eso, las barreras no están ni a 9 ni a 10 metros. Están, al menos en teoría, a 9,15.

El DAG

Los ingleses inventaron el fútbol y su único Mundial se lo deben en parte a las imperfecciones del juego que crearon. El 30 de julio de 1966, el uzbeko Tofik Bahramov se convirtió en el juez de línea más famoso de la historia. Hurst chutó a puerta, el travesaño escupió el balón hacia el suelo, el árbitro suizo Dienst acudió a consultarle y Bahramov asintió claramente para desesperación de los alemanes. Era el 3-2, en el minuto 101 de la final.

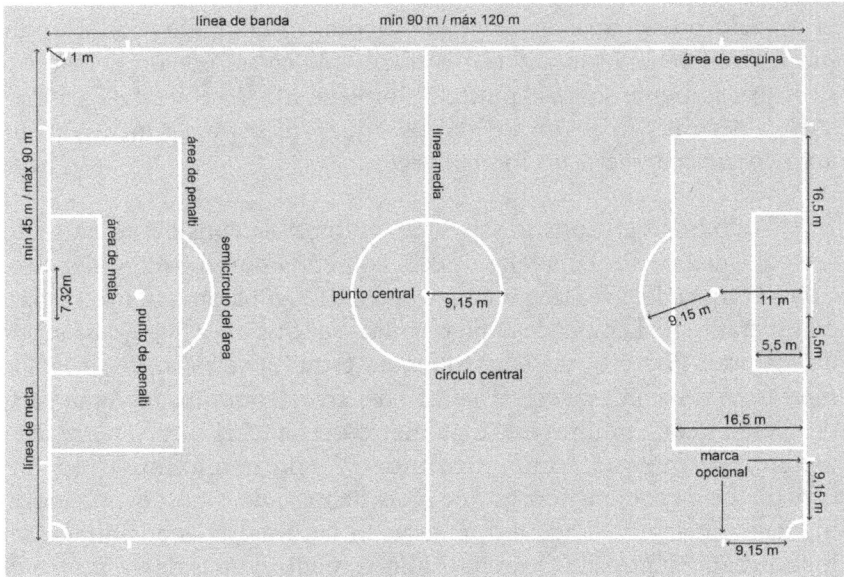

líLas medidas del terreno de juego

La polémica sobre esa jugada aún continúa. Un estudio de la Universidad de Oxford de 1996 asegura que el balón botó seis centímetros dentro del campo y otro, en 2016, de Sky Sport, concluye que el gol fue legal. En medio, un guiño a la historia. En el Mundial de 2010, Inglaterra fue eliminada por los alemanes después de que el uruguayo Larrionda no concediese un gol a Lampard que había entrado. Por cierto, los españoles no se olvidan del gol de Míchel contra Brasil en México 86.

Después de la polémica de 2010, la FIFA se puso manos a la obra. En junio de 2012 se probó el ojo de halcón en un amistoso en Wembley. Un mes después, la IFAB daba vía libre a este sistema. Las pruebas siguieron en el Mundial de Clubes de Japón y la Copa Confederaciones de 2013. En el Mundial de 2014 ya funcionó a pleno rendimiento. Hasta la UEFA, reacia al principio, lo utilizó en la Eurocopa de 2016.

Al ojo de halcón, la Regla 1 le llama DAG (Detección Automática de Goles). El sistema avisará al árbitro en su reloj con una alerta "con vibración y señal visual" en menos de un segundo si el balón ha entrado. ¿Qué hubiese pasado en el 66? ¿Estarían los ingleses aún sin estrella en su camiseta?

El área técnica

Fue creada oficialmente en 1993 para tratar de acotar la zona en la que los técnicos podían dar instrucciones y evitar que con su ímpetu recorriesen toda la banda como si de un extremo se tratase. Se extiende un metro a cada lado del banquillo y hasta a un metro de la línea de banda. Esto significa que si un banquillo está a diez metros del terreno de juego, el área técnica se amplía nueve metros hacia delante. Si está a menos de un metro, esta área no existiría. Desde 2016, el área, de haberla, debe estar marcada.

Más controversia existe sobre quien puede dar instrucciones de pie dentro de esa zona. Las Reglas lo dejan muy abierto y señalan que "solo una persona a la vez", lo que incluso permitiría a un sustituto dirigir al equipo. El Reglamento General de la RFEF dice que solo lo podrán hacer "aquellos que tengan licencia de primer o segundo entrenador", en un intento por restringir los derechos de aquellos que dirigen a equipos sin ficha o sin titulación y se camuflan como utilleros o delegados.

Lo que no está permitido en España es que el entrenador se sitúe en la grada, al modo de muchos clubes ingleses. Incluso en el caso de ser expulsado, tampoco podrá irse junto al público, sino que deberá marcharse al vestuario. Algunos, como Simeone, tuvieron un partido de sanción extra por incumplirlo en un partido de Supercopa. Más insólito fue lo de Emery, en un partido de liga frente al Atlético, donde montó una especie de madriguera en el banquillo. Solo las cámaras lo descubrieron.

Vídeo 1.1 Emery se esconde en el banquillo

Algunas curiosidades

¿Alguien recuerda esos campos de regional en cuesta? ¿Hacia dónde era mejor atacar, para arriba o para abajo? Alguno queda. Es extraño que las Reglas no pongan que la superficie deba ser plana. Tampoco obligan a que sea de césped, algo que sí es necesario en las competiciones nacionales en España.

Lo que recoge ya la Regla 1 es la posibilidad de los campos artificiales. En esta superficie incluso se permite que haya otras líneas ajenas al partido, siempre que sean de diferente color. Hablando de colores, las líneas no tienen por qué ser blancas (de hecho, con nieve, sería impensable), pero el césped artificial sí que tiene que ser verde, como si a alguien se le pudiese ocurrir construir un campo azul o rosa. El otro color obligatorio en el reglamento también aparece en esta Regla 1: la portería debe ser blanca. Hace muchos años, era necesario que los 40 centímetros del borde inferior de los postes fuesen negros, decían que para diferenciar mejor un gol fantasma ante el habitual (no obligatorio), color blanco del balón.

Más sorprende el apartado dedicado a las redes de las porterías. Su uso es optativo, aunque nadie se imagina un partido sin ellas. Nadie… en el primer mundo. En otras zonas, unas redes son un lujo para el fútbol más modesto. Por eso, las Reglas "legalizan" estos partidos. Antiguamente, incluso mencionaban que debían ser de "cáñamo, yute o nylon". Ahora, no se menciona material.

Por último, está prohibido bajo pena de amonestación que los jugadores hagan marcas en el terreno de juego. Esto va dirigido especialmente a los porteros maniáticos que trazan un surco desde el medio de la portería para tener siempre la referencia de donde está el centro. Normalmente, los árbitros pasan bastante del tema salvo que se impongan estrictas órdenes superiores, como sucedió

Vídeo 1.2 Portero amonestado por hacer marcas

en el campeonato brasileño con el estadio de Maracaná. La concesionaria de la instalación se quejó de los desperfectos en el campo que causaban los guardametas con esta costumbre. La comisión de arbitraje tomó nota y exigió que se empezase a controlar esta práctica. Dicho y hecho. El asistente de área vio como el portero del Fluminense lo hacía antes del comienzo del partido y avisó al árbitro, que le mostró la tarjeta para que aprendiese que al césped hay que mimarlo.

La decisión de suspender el partido

Si el campo no cumple las normas, el árbitro no comenzará el partido, aunque siempre debe agotar las posibilidades para que se juegue. También tiene que ver qué tipo de deficiencia presenta. No es lo mismo un círculo central mal pintado que un travesaño caído.

Las Reglas ya explican en las "Directrices prácticas para los árbitros" que en categorías inferiores sean más flexibles con estas cuestiones menores y permitan que se dispute el partido con el consentimiento de los equipos.

Más delicado es cuándo suspender el encuentro por mal estado del terreno de juego. Hace décadas, se hacía mucho hincapié en los excrementos de los animales que hacían las funciones de cortacésped y cuya presencia, decían, era peligrosa por infecciosa. En los campos encharcados o lodazales, siempre se recomendó que se comprobase si el balón botaba, aunque eso dependería de donde se hiciese la prueba. El factor clave para decidir es la peligrosidad, algo muy subjetivo. El árbitro es el que tiene la última palabra, aunque debe escuchar a los equipos que no siempre se guían por la protección del jugador. En su opinión subyacen intereses tácticos, económicos e incluso de cumplimiento de sanciones.

Se podría hacer un manual de perfectos tramposos con esto del campo. Clemente hizo bueno el achique de espacios en una eliminatoria de la Copa de la UEFA de 1988 contra el Milan, cuando estrechó tres metros el terreno de juego. Eso lo prohíbe el Reglamento de la RFEF, que exige que las dimensiones en cada estadio sean invariables para todos los partidos. Regar solo una mitad del terreno de juego en el descanso o dejar el césped alto, como hizo David Vidal cuando entrenaba al Logroñés para frenar al Dream Team de Cruyff, son otras de las maniobras clásicas. En los partidos de final de temporada han aparecido redes rotas de forma misteriosa, para retrasar el comienzo y poder jugar sabiendo los resultados de otros encuentros.

El fútbol regional da para historias aún mejores. Por ejemplo, cuando un club había planificado que sus jugadores forzasen la tarjeta para perderse el partido con el colista, confiados de que los habituales suplentes ganarían fácil. Ese día el campo era una auténtica piscina, pero presionó al árbitro para que se jugase el partido, ya que si no empezaba, los jugadores cumplirían el castigo la semana siguiente, en un derbi a cara de perro. El árbitro, desconocedor de este oscuro interés, accedió. A los dos minutos, el mismo equipo cambió de opinión y pidió insistentemente que se parase el juego y el árbitro, en una decisión insólita, les hizo caso y los mandó para vestuarios. Las sanciones ya estaban cumplidas.

Regla 2. El balón

Es una Regla breve. Empieza con la obviedad de que el balón debe ser esférico, de material adecuado y sigue con las medidas. La circunferencia estará entre 68 y 70 centímetros, el peso entre 410 y 450 gramos al comienzo del partido y la presión entre 0,6 y 1,1 atmósferas al nivel del mar. La presión se mide con un barómetro, pero es raro el árbitro que lo lleva. La sabiduría popular dice que el balón está bien si lo dejas caer desde la altura de tu cabeza y rebota hasta tu cintura. Con eso no hacen falta aparatitos.

En España, el equipo local debe proporcionar un mínimo de tres balones. Si el balón se deteriora cuando está en juego, el árbitro dará un balón a tierra, salvo que sea en la ejecución de un penalti, en cuyo caso se repetirá si aún no ha tocado a otro jugador o a los postes. Esa pequeña cursilada de "se deteriora" sustituyó al tradicional término "explota", que traía mucha coña cuando a los profanos en las Reglas les hablaban de balones que parecían una bomba.

El balón lo elige el árbitro. Muchas competiciones tienen ya fijado un modelo obligatorio para evitar que los equipos discutan también sobre la pelota, como sucedió en la final del Mundial de 1930. El mítico John Langenus, que solo aceptó dirigir el partido cuando le garantizaron que tenía un barco dispuesto a zarpar hacia Europa esperándole por si la cosa se ponía fea, acabó tomando una decisión salomónica: la primera parte se jugó con el balón argentino y la segunda con el uruguayo. Quizá fue por eso porque Argentina ganaba 1-2 al descanso y acabó derrotada por 4-2. Al final, el balón y el árbitro siempre estarán mal para el equipo que va perdiendo.

El balón argentino de 1930 [1]

El balón uruguayo de 1930 [1]

---

1. Fuente: wikipedia/usuario: Oldelpaso

PARTE 2
LOS PROTAGONISTAS

Regla 3. Los jugadores

Lo que en principio parecía una regla simple se ha convertido en una de las más complejas del fútbol. Es también de las más divertidas, porque recoge todos esos supuestos de entrenadores que cortan ataques, suplentes que evitan goles y espectadores que saltan de espontáneos al césped. Además es de las que sufrió una revolución en 2016, hasta el punto de que la rebautizaron. Pasó de ser "El número de jugadores" a "Los jugadores", algo totalmente lógico ya que se habla de sustitutos, sustituciones, sustituidos, expulsados e incluso del equipo técnico. Vayamos por partes.

Entre 7 y 23

Empezamos por lo obvio. Un equipo está formado por once jugadores, aunque como dijimos en la Regla 1, esto solo fue así desde 1897. Uno de ellos tiene que ser obligatoriamente el guardameta, figura irrenunciable. El número mínimo es de siete, es decir, seis y el portero. Con menos, ni se empieza ni se continúa el partido, salvo que un jugador abandone deliberadamente el campo y quepa aplicar ventaja. Es el único caso. Incluso si un equipo está con siete jugadores y un jugador es expulsado por cometer un penalti, el partido se suspenderá inmediatamente sin lanzarlo.

Más variable es el número de sustitutos y sustituciones. Las Reglas lo establecen así:

- Partidos oficiales. El reglamento de la competición lo fijará entre tres y doce. En España, son normalmente cinco, salvo en Primera, Segunda y Segunda "B", que son siete. En otras competiciones, como el Mundial y el Calcio, ya permiten el número máximo. Hasta 2017, solo se podían realizar tres cambios. Ahora, la FIFA ya permite que se amplíe ese número a cinco, salvo en el caso de "competiciones masculinas y femeninas en las que participe el primer equipo de los clubes de la división superior o equipos internacionales absolutos". Desde esta temporada, las Reglas dejan abierta la posibilidad de que se permita un cambio extra en la prórroga. Esto se aplicó en el Mundial y Rusia fue la primera en beneficiarse de ello en el partido frente a España. Curiosamente, fue la Unión Soviética, en 1970, la primera en hacer una sustitución en este torneo. Hasta entonces, los once que empezaban debían terminar, salvo el portero en caso de lesión. De momento, no se ha contemplado esta posibilidad en las primeras rondas de Copa del Rey, aunque sí se utilizó en el partido de Supercopa en Tánger

- Partidos amistosos de selecciones nacionales "A". Este año se limitó el número de sustitutos a doce, pero solo se pueden hacer seis sustituciones, algo que se saltó la selección española con el permiso del árbitro en un partido frente a Sudáfrica, cuando se lesionó Víctor Valdés y Del Bosque ya había agotado el número máximo. La FIFA inicialmente dio como nulo el partido, aunque después reculó en su decisión.

- Resto de partidos amistosos. No hay límite, siempre que haya acuerdo entre los equipos. Si no lo hay, se permiten seis sustituciones.

- Competiciones de fútbol base, amateur, veteranos y discapacitados. Las Reglas permiten que las federaciones opten por las sustituciones ilimitadas, es decir, que un jugador pueda entrar y salir del campo tantas veces como su equipo quiera.

El procedimiento de sustitución

El resumen de cómo se hace un cambio es muy sencillo. El juego tiene que estar detenido, el árbitro debe autorizarlo y el sustituto no puede entrar hasta que salga el compañero. El que se marcha puede hacerlo por cualquier parte del terreno de juego, siempre que tenga permiso arbitral, pero el que entra debe hacerlo por la línea media. El árbitro no puede obligar a un jugador a irse por la línea más cercana, una discusión que le costó a Seedorf la primera expulsión de su carrera cuando jugaba en Brasil.

Vídeo 3.1 La expulsión de Seedorf

Es en ese momento en el que uno sale y otro entra cuando el sustituto se convierte en jugador y el jugador en sustituido. En el descanso, el cambio se completa cuando el suplente, que debe esperar en la línea media, entra en el campo tras la tradicional revisión de vestimenta. Eso tiene cierta importancia. Imaginemos un futbolista que insulta al árbitro mientras está siendo cambiado, pero aún sobre el terreno de juego. En ese momento, sigue siendo a todos los efectos jugador "titular" y la expulsión conllevará que el equipo se quede con uno menos.

¿Qué pasa si el equipo se olvida de avisar del cambio? Esto sucede con cierta frecuencia en el fútbol más modesto en el descanso del partido, donde por falta de árbitros asistentes se omite el trámite de revisar al suplente en la línea de mediocampo. La solución se ha modificado en la última edición de las Reglas para corregir una pequeña injusticia, ya que aunque el culpable normalmente era el delegado del equipo, la responsabilidad reglamentaria caía sobre el jugador por entrar en el campo sin autorización. El sustituto era amonestado y si interfería en el juego, sancionado con tiro libre directo o penalti. Ahora, todo es más simple. La sustitución se considera realizada, no hay tarjeta y el árbitro simplemente hará constar este hecho en su informe.

El cambio de portero por un jugador de los que ya está participando no computa dentro del número de sustituciones y no tiene más límite que el deber de comunicarlo al árbitro con el juego detenido. Si el equipo se olvida de avisarlo y el árbitro se da cuenta cuando el nuevo portero tiene el balón en las manos, no debe pitar penalti, sino esperar a la siguiente reanudación del juego para amonestar a ambos jugadores. También aquí se ha añadido una excepción para librar a los infractores de la tarjeta cuando este despiste al comunicarlo se produce en el descanso.

Vídeo 3.2 Las meteduras de pata de Martín y De la Barrera

El lío de las entradas indebidas

Entrenaba Quique Martín al Leganés cuando en un partido frente al Badajoz, en 1999, tuvo la tentación de cortar un ataque del rival que corría al lado de su banda. Extendió la pierna y con cierto disimulo, tocó el balón y abortó la jugada como si se tratase de un lateral. El árbitro aplicó la norma de entonces y dio balón a tierra y lo amonestó. Le cayeron diez partidos. Se disculpó con la poco creíble versión de que pensaba que el balón había salido. La temporada pasada, Martín vio desde el banquillo del Albacete como el entrenador rival, Rubén de la Barrera, repetía la misma acción. La norma había cambiado y su equipo, la Cultural Leonesa, fue castigado con tiro libre directo. "Fue instintivo, creía que estaba fuera y queríamos sacar rápido", explicó. Rubén fue expulsado y sancionado con cuatro partidos, pese a contar con la lógica solidaridad de su colega que recordó lo mal que lo había pasado en su momento. "Es una anécdota, no tiene importancia", aseguró.

En el fútbol profesional escasean estas gamberradas que de vez en cuando nos divierten en el fútbol más modesto. Son simpáticas, claro está, si no nos las hacen en contra, como el hábil masajista brasileño que clasificó a su equipo con una doble parada en el último minuto y huyó a tiempo para evitar ser linchado. Para evitar estas situaciones, los árbitros suelen impedir que los jugadores calienten detrás de la portería.

Es difícil encontrar alguna acción más antideportiva en el fútbol que evitar un gol entrando sin permiso. Sin embargo, el castigo era muy suave hasta 2016. Si se trataba de un sustituto o sustituido, tiro libre indirecto. Si lo hacía otra persona, como el mítico masajista, balón a tierra. Incluso si lo hacía un suplente y no era con la mano, solo era tarjeta amarilla. La IFAB cambió esto y, como norma general, cualquier sustituto, sustituido, expulsado o miembro del equipo técnico que entre en el campo con el balón en juego e interfiera, será sancionado con tiro libre directo

Vídeo 3.3 La doble parada del masajista brasileño

o penalti, si la interferencia se produjo dentro del área. Incluso, si la entrada indebida la comete un jugador que estaba fuera de forma ocasional, por ejemplo a causa de una lesión, tendrá la misma sanción. Parece lógico, porque siempre pensamos en una evidente mala fe, aunque por el medio se pueda convertir en un castigo demasiado cruel, como le sucedió en Portugal a un suplente que metió el pie tocando el balón un segundo antes de que saliese por línea de meta y fue sancionado con penalti. Ni el

Vídeo 3.4 El sustituto impaciente castigado con penalti

Marca lo entendió y habló de que "no había justificación reglamentaria". Realmente, al árbitro no le quedaba otra opción.

Llama la atención que el partido solo se detiene si el infractor interfiere en el juego o en un miembro del equipo arbitral, es decir, que un equipo puede estar jugando tranquilamente con doce jugadores hasta la siguiente interrupción. Esto es un tanto extraño, ya que la presencia de un intruso en el campo solo puede generar problemas. El juego seguirá incluso si su equipo tiene el balón. Lo único que previenen las Reglas es la posibilidad de marcar gol en esta situación ilegal. En 2016 se daba la solución de dar saque de meta (si el balón lo tocaba por última vez el atacante) o saque de esquina (si lo tocaba por última vez el defensor). Esto cambió un año después y si lo marca el equipo que tiene esa persona extra dentro del campo, el gol se anulará para conceder tiro libre directo donde estaba el infractor. Evidentemente, esto solo sucederá si el árbitro se percata antes del saque de centro. Una vez reanudado el juego, como veremos en la Regla 5, no es posible volverse atrás. El único consuelo que permite la Regla es señalarle tiro libre y amonestarlo cuando lo vea, en otra aparente incoherencia de la norma. ¿Por qué después del gol sí que hay que detener el juego aunque no interfiera el infractor?

Una de las cuestiones que sí dejan claras las Reglas es qué hacer si el intruso toca el balón intentando evitar el gol pero no lo consigue. Si es del equipo que recibe el gol, la lógica debe imperar y se debe conceder. El gran cambio a partir de la temporada 16/17 ha sido con los "agentes externos" que tocan el balón en esta situación. Es decir, el aficionado que salta al campo para evitar que la pelota entre en una meta, la toca, pero no evita el gol. Hasta ese momento, el tanto jamás podría subir al marcador y el árbitro debía dar balón a tierra. En un paso adelante hacia el sentido común, las Reglas permiten ahora concederlo, siempre y cuando la acción del espectador no haya molestado al equipo defensor. En el siguiente cuadro tenemos un resumen de estos supuestos.

Persona extra	¿Qué hace?	Reanudación
Sustituto/sustituido/ expulsado/miembro del equipo técnico	Interfiere	Tiro libre directo / Penalti
	No interfiere	Sigue el juego
	No interfiere y su equipo marca gol	Tiro libre directo desde la posición del infractor
Jugador fuera del campo	Interfiere	Tiro libre directo/Penalti También ventaja
	No interfiere, pero el árbitro para el partido	Tiro libre indirecto
	No interfiere y hay ventaja	Sigue el juego
	No interfiere y su equipo marca gol	Tiro libre directo desde la posición del infractor
Otra persona (agente externo)	Interfiere	Balón a tierra
	Trata de impedir gol sin conseguirlo	Gol
	No interfiere	Sigue el juego

En cuanto a la sanción disciplinaria de todas estas entradas indebidas, la norma general es la amonestación, salvo para los miembros del equipo técnico, que serán expulsados del banquillo. Claro que las infracciones se "suman", es decir, que si un sustituto entra sin permiso y sujeta a un adversario impidiendo un avance prometedor verá dos amarillas y la roja. Decimos "verá" porque el árbitro no se la puede mostrar de forma directa, sino que deberá sacarle las tres tarjetas (amarilla-amarilla-roja) para indicar que la expulsión es por doble amonestación.

También quedó aclarada la situación de que el infractor impida un gol con una parte del cuerpo distinta a la mano. Hasta ese momento, el hecho de evitar el tanto no se consideraba un agravante y el jugador solo era amonestado. Ahora ya debe ser expulsado por ello, incluso si es un jugador lesionado que vuelve al terreno para frenar una clara ocasión de gol.

Regla 4. El equipamiento de los jugadores

La selección femenina de Irán tenía a tiro la clasificación para los Juegos de 2012 cuando la FIFA decidió, después de varias advertencias, aplicar de forma estricta las normas sobre vestimenta e impedir a sus futbolistas jugar con el velo al que obligaba su religión. No renunciaron a sus creencias y entre lágrimas saltaron al campo de Amman para disputar un partido que ya no se celebraría. El veredicto fue un 3-0 a favor de Jordania, como si fuese una incomparecencia.

Se esgrimió el motivo de la seguridad para prohibirlo. A esto se le sumaba la delgada línea que separa la manifestación religiosa, algo a lo que la FIFA siempre se ha opuesto, de la libertad de imagen o la de expresión. Lo cierto es que, como era previsible, la decisión fue más allá del fútbol. Un príncipe jordano, Ali Bin Al Hussein, vicepresidente del organismo, se puso al frente de la revuelta. "Es muy importante que todos puedan jugar al deporte que aman y los responsables de las Reglas tienen que permitirlo", aseguró. Hasta la ONU se sumó a la queja. "Llevar un pañuelo no es un obstáculo para sobresalir en la vida y los deportes, y la decisión contribuiría a cuestionar estereotipos de género y cambiar las mentalidades", defendió en una carta dirigida a la IFAB. Hasta se fabricó un nuevo tipo de velo adaptado al deporte, con cinta adhesiva que cedería ante cualquier tirón y evitaba cualquier riesgo de ahogamiento.

A la FIFA no le quedó más remedio que reflexionar y en 2014 dio luz verde a los *head covers*, que las Reglas traducen al español de forma bastante imprecisa como "protectores de cabeza", un término que solo nos traería a la mente el mítico casco de Peter Cech, el portero del Chelsea y Arsenal. Sin embargo, la regulación de los *head covers*, aunque es válida para estas protecciones, fue pensada básicamente para solucionar el grave problema que le había surgido a la FIFA con los países musulmanes. La Regla indica cinco requisitos que deben cumplir:

- ser de color negro o del color principal de la camiseta (siempre y cuando los jugadores de un mismo equipo usen el mismo color);

- estar en consonancia con el aspecto profesional del equipamiento del jugador;

- estar separados de la camiseta;

- no suponer ningún riesgo para el jugador que lo lleve ni para ningún otro jugador (p. ej. un mecanismo de apertura alrededor del cuello);

- carecer de partes que sobresalgan (protuberancias).

El equipamiento obligatorio

La historia de las chicas de Irán nos hace ver la importancia que llega a tener una Regla que parece insignificante, pero que, sin embargo, es de las que más varía año tras año debido a la evolución de la moda y la preocupación por la seguridad de los jugadores. Lo más sencillo para explicarla es empezar por lo que siempre debe llevar un futbolista, lo que se llama el equipamiento obligatorio:

- Una camiseta con mangas. Lo de las mangas se añadió después de que a la FIFA no le gustase el invento de Puma y la selección de Camerún en la Copa de África de 2002. Rápidamente le advirtieron de que le prohibirían vestir así en el Mundial. Ya no es obligatoria llevarla por dentro del pantalón, una recomendación que se instauró para México 86 y después se convirtió en norma.

La camiseta sin mangas de Camerún que no gustó a la FIFA

- Pantalones cortos. El portero es el único que los puede llevar largos. Al aparecer en dos puntos independientes, se da por finiquitado el segundo intento de Puma y Camerún por revolucionar la moda deportiva. Dos años después de la camiseta sin mangas, inventaron el mono de trabajo para el fútbol: camiseta y pantalón en una sola pieza. Según decían, ofrecía la ventaja de que así era mucho más difícil que los agarrasen. La FIFA se volvió a enfadar,

pero les permitió usarlo en la primera fase de la Copa de África de 2004, a condición de que lo retirasen para la segunda. Sin embargo, Camerún lo usó en el partido de cuartos, lo que le valió que le sancionasen con seis puntos en la clasificación para el Mundial de 2006. Aunque el castigo fue levantado, la batalla siguió en los tribunales, con Puma reclamando una indemnización y culpando a su rival Adidas de estar detrás del veto de la FIFA.

- Medias.

- Espinilleras. Son obligatorias desde después del Mundial de 1990. Aunque siempre fueron recomendables, muchos jugadores se resistieron a ponerlas hasta que la FIFA les obligó. Quedan para el recuerdo imágenes míticas, como la del bético y madridista Gordillo jugando con las medias bajadas y la tibia al descubierto. Deberán estar fabricadas de un material adecuado que ofrezca una protección razonable y quedar cubiertas por las medias.

- Calzado. Ha sido una de las grandes preocupaciones de los legisladores. En las primeras Reglas de 1863 ya se especificaba que estaban prohibidos los "clavos salientes o placas de hierro". Durante décadas, la medida de los tacos estuvo reglamentada al dedillo: no debían sobresalir de la suela más de 6,35 milímetros y su diámetro no podría ser menor de 12,7 milímetros. De esa época nos queda el "postureo" arbitral de revisar la suela, aunque en realidad ya nadie parece usar botas afiladas para hacer daño al rival. La norma es tan flexible que, como la Regla habla de "calzado" a secas, no es necesario ni que sea deportivo. Un jugador puede salir al campo en zapatos, si el árbitro estima que no es peligroso para él o para un rival.

Una de las prendas que lleva a engaño son los guantes del guardameta. Su uso es optativo, ya que no forman parte del equipamiento obligatorio.

Los colores
Los equipos deben llevar equipamientos que se diferencien entre sí. Los porteros, colores diferentes a los del resto de jugadores. Por el medio, los árbitros, que también deben diferenciarse para que no les den pases y pinchen el balón. Aunque las Reglas dan a entender de una forma un tanto confusa que estos últimos son los primeros en

elegir color, la práctica y la lógica hace que primero elijan los jugadores de campo, luego el equipo arbitral y después los guardametas. Las Reglas no especifican quien debe ceder en caso de coincidencia, dejándolo en manos del reglamento de la competición. En España, cambia el club visitante y en caso de partido en campo neutral, como la final de Copa, el de más moderna afiliación. Para evitar malentendidos en el campo, en los partidos de Primera y Segunda División, árbitros y equipos llegan a un acuerdo antes de llegar al estadio, mediante un programa en el que informan del equipamiento que van a utilizar.

En la última década, la IFAB ha tratado de uniformizar más la vestimenta del jugador y para ello ha ido regulando los colores de otras prendas no obligatorias. Vimos ya que los "cubrecabezas" tienen que ser negros o del color principal de la camiseta. Hay otras prendas afectadas más comunes:

- Las camisetas interiores, si son visibles, tienen que ser del mismo color que el predominante de la manga de la camiseta. Si hay dos colores y ninguno predomina, pueden elegir uno de ellos, pero todos los del equipo que la lleven tienen que usar el mismo.

- Los pantalones interiores tienen que ser del mismo color que el principal del pantalón o de la parte inferior. Esto último es una concesión de las Reglas de 2016, que permitieron las mallas que simulasen, por su apariencia, ser continuación del dobladillo de diferente tono que tienen muchos modelos. Al igual que sucede con las camisetas, todos los jugadores del mismo equipo que usen estos pantalones interiores tienen que llevarlos del mismo color.

- Las cintas adhesivas, vendas, esparadrapos, calcetines o todo aquello que cubra parte de las medias, en una de las modas más extrañas del fútbol moderno, deben ser del mismo color que la parte de la media que tapen. Es decir, si la media es azul y roja y la cinta está sobre una zona azul, debe ser azul; si está sobre una zona roja, roja.

Estas medidas posiblemente fueron pensadas para mejorar la imagen del fútbol televisado, pero desde el momento que figuran en las Reglas deben aplicarse en todas las categorías, que también tienen el derecho y el deber de presumir de que los jugadores de un equipo vistan de una forma más o menos idéntica y no salga cada uno con una camiseta interior de un color distinto. Sin embargo, muchos árbitros se encuentran con reticencias de futbolistas poco previsores que intentan colar prendas no permitidas.

Cierto que esta armonización tiene sus lagunas. Por ejemplo, si un jugador sale con una rodillera verde y el pantalón es rojo, no hay ningún problema. Un tatuaje que le cubra toda la pierna también sería correcto. Las botas modernas, con tobillera incorporada, están permitidas aunque no respeten el color de la media. O como contaba un día un directivo de un club indignado con la aplicación de la norma:

—El árbitro le mandó quitar una camiseta negra a un jugador negro. ¡Pues ahí lo tienes! Siguió siendo el brazo igual de negro...

El fútbol no es para adornos

Paulo Diogo era un jugador del Servette suizo que trepó la valla que separaba la grada para celebrar un gol en los últimos minutos de partido. Se acababa de casar y cómo para dejar el anillo en el vestuario. Era el año 2004 y estaban permitidos, siempre que no tuviesen salientes puntiagudos. Su devoción conyugal se convirtió en desgracia. La joya se enganchó, Diogo no se dio cuenta, y al bajar hacia el césped se dejó medio dedo. El anular, por supuesto. Las imágenes fueron escalofriantes.

Vídeo 4.1 El jugador suizo que perdió un dedo

Fue un accidente, uno solo entre miles de partidos que se juegan al año, pero que llevó a la FIFA a tomar medidas para que no se volviese a repetir. Prohibió cualquier tipo de alhaja y en los últimos años fue más allá ampliando el veto a los adornos de bisutería, como pulseras de cuero. La solución de taparlos con esparadrapo tampoco es admisible, aunque hay jugadores que lo siguen intentando. Tampoco están permitidas las bragas para el frío. Las mismas normas rigen para los árbitros, excepción hecha de su reloj. Como curiosidad, las Reglas también han prohibido de forma expresa el uso de la RefCam, la cámara incorporada que llevan los árbitros en algunos deportes y que proporciona emocionantes imágenes del partido visto desde dentro. En cambio, los porteros pueden llevar gorra y las gafas deportivas no presentan ningún inconveniente.

Otro de los objetos que están permitidos son los dispositivos de seguimiento del rendimiento, si lo autoriza el organizador de la competición. Estos son los aparatos que recopilan información como distancia recorrida, zonas del campo por las que se mueve el futbolista, intensidad del esfuerzo o cuestiones médicas. La revolución tecnológica de las nuevas Reglas también ha llegado al cuerpo técnico. Desde el Mundial de Rusia, se permite que todos estos datos se reciban en el área técnica durante el partido, algo que antes estaba prohibido. Es más, esta temporada por fin se autoriza el uso de equipos electrónicos en el banquillo, como una tablet o un móvil, por motivos tácticos, algo que ya se venía empleando de forma camuflada para evitar que el árbitro lo impidiese. Por si acaso, la FIFA ha frenado la tentación de que la recepción de imágenes en el banquillo sea utilizada para protestar y advierte de que su uso inapropiado conllevará la expulsión. Lo que sigue prohibido es el uso de sistemas de comunicación por parte de los jugadores, como el que tienen los árbitros.

Las camisetas con dedicatoria

"Un jugador del Jaén, multado con 2000 euros por una camiseta de apoyo contra el cáncer infantil". El delito de Jona había sido dedicar un gol a los niños enfermos con una camiseta que ponía: "Ánimo pequeñines". Al leer esta noticia, cualquiera hubiese tenido ganas de quemar el Comité de Competición. Aunque después se le retiró la sanción, nadie entendió la primera decisión, muy parecida a la sufrida por Callejón en 2011 por acordarse de Dani Jarque.

Todo tiene su origen en las Reglas de Juego. La Regla 4 incluye este controvertido párrafo:

> El equipamiento no deberá contener eslóganes, mensajes o imágenes de carácter político, religioso o personal. Los jugadores no deberán mostrar ropa interior con eslóganes, mensajes o imágenes de carácter político, religioso, personal o publicitario que no sea el logotipo del fabricante. En caso de infracción, el jugador o el equipo serán sancionados por el organizador de la competición, la federación nacional de fútbol o la FIFA.

Por muy solidarios y generosos que fuesen, mensajes como los de Jona o Callejón, entran dentro de los de carácter "personal" y por eso el Código Disciplinario de la RFEF prevé una multa para estos casos. Cuando incluyó este texto, la FIFA quiso poner coto a los goles "patrocinados" por causas comerciales, políticas, religiosas e incluso benéficas. Hay motivos de sobra para ello. Imaginemos a un jugador enseñando una bandera palestina en Israel o a otro mostrando un crucifijo en Arabia Saudí. Dmitri Tarasov, jugador del Lokomotiv, en plena escalada de tensión entre Turquía y Rusia, no tuvo mejor ocurrencia que mostrar el rostro de Putin al terminar un partido de Europa League en Estambul con el lema "El presidente más cortés". "Decidí hacerlo porque quiero apoyar a mi presidente donde quiera que esté", se justificó. La UEFA lo sancionó con 5000 euros. Más caro le costó al danés Nicklas Bendtner enseñar los calzoncillos con publicidad de una casa de apuestas durante la Eurocopa de 2012. Fueron 100 000 euros, aunque a buen seguro que el pago de la multa estaba en el contrato de patrocinio.

La diferencia entre las celebraciones de Juanmi y Cristiano. Una es tarjeta y la otra no.

A menudo, esto genera confusión con la infracción de quitarse la camiseta o taparse la cara con ella que aparece tipificada como amonestación en la Regla 12. Enseñar uno de estos lemas no es tarjeta por sí solo, es decir, si no se incurre en uno de los supuestos anteriores; el árbitro solo tiene que mencionar su contenido para una sanción posterior. Esto fue lo que hizo Muñiz Fernández en 2010 cuando Cristiano Ronaldo se acordó de la tragedia en forma de temporal que sufrió su tierra natal. Simplemente lo reflejó en el acta: "Tras conseguir un gol, levantó su camiseta, mostrando en su ropa interior la palabra 'Madeira' ". Este gesto fue recordado hace dos temporadas por los analfabetos de las Reglas, cuando Undiano Mallenco sí que amonestó al jugador del Málaga Juanmi (que luego acabó expulsado), supuestamente por una dedicatoria a Pablo Ráez, un joven que se había convertido en símbolo de la lucha contra la leucemia. El motivo de la tarjeta no fue ese, sino que en su ansia por enseñar el mensaje se cubrió el rostro. Esto cualquier árbitro se lo podía haber explicado al periodista que se tomase la molestia de averiguarlo, pero más vale sacar un titular hablando de "doble rasero" o "injusticia" que contar la verdad.

El tema de los mensajes en la camiseta preocupa tanto a la FIFA que esta temporada decidió matizar al máximo lo que está prohibido. Para ello, extendió sus restrictivas normas a todas las prendas de ropa, tanto de sustitutos como miembros del área técnica. Restringió los eslóganes a la parte frontal de la camiseta y sus mangas y apeló a que a la hora de conmemorar un acto se tengan en cuenta las sensibilidades del equipo adversario. Como al final todo depende del código disciplinario de cada competición, tuvimos la

Indignación por la prohibición de la amapola en la camiseta

paradoja de que la FA Cup sancionó con 20 000 euros a Guardiola por su lazo amarillo por considerarlo político mientras en la Champions pudo lucirlo tranquilamente porque la UEFA no lo calificó de provocativo. También fue polémica la decisión de FIFA de multar a las selecciones británicas que en 2016 portaron una amapola en sus camisetas para conmemorar a los caídos en la Primera Guerra Mundial, un gesto que en 2011 le había salido gratis.

Mensajes, eslóganes, imágenes	
Permitidos	**Prohibidos**
Número, nombre, escudo del equipo	Lenguaje ofensivo o provocativo
Logotipos que promuevan el fútbol, el respeto y la integridad	Personas (vivas o fallecidas), salvo que formen parte del nombre de la competición
Publicidad autorizada	
Datos de un partido (equipo, fecha, competición)	Partidos, organizaciones o grupos políticos
	Gobiernos de cualquier tipo
	Organizaciones de carácter discriminatorio
	Actos o acontecimientos políticos

La actuación ante un equipamiento irregular

Una vez determinado qué es lo que está permitido y lo que no, nos queda por contar cómo debe proceder el árbitro cuando se da cuenta de que un jugador lleva, por ejemplo, un reloj en medio del partido. Si lo ve con el balón en juego, puede advertirlo para que se lo quite. Si lo hace antes de que se detenga, problema resuelto. En cambio, si cuando el juego está parado no cumple con la norma, el árbitro le debe hacer salir del campo.

Cuando esto sucede, tiene que pedir permiso para reincorporarse. El árbitro solo puede concederlo después de que él mismo o alguien de su equipo revise que está todo en orden; si esto no es posible con el balón en juego (imaginemos un partido sin asistentes, por ejemplo), tiene que esperar a una interrupción. Esto es una novedad reciente, ya que hasta 2016 solo podía volver con el juego parado. Si entra sin autorización, se le aplicará lo explicado en la Regla 3 y se le sancionará con amonestación y tiro libre indirecto donde está el balón, salvo que interfiera en el juego, en cuyo caso será directo. También verá tarjeta si reincide en el objeto prohibido, es decir, si minutos después vuelve a ponerse el reloj que le habían obligado a sacar.

Dentro de esta lógica de que se puede actuar con equipamiento incorrecto hasta la siguiente interrupción entra la posibilidad de marcar un gol descalzo. Es válido siempre y cuando la pérdida de la bota sea accidental. Si el jugador se quitó el calzado de forma voluntaria, entraría en una acción de conducta antideportiva, como las que explicaremos en la Regla 12 y debería ser sancionado con tiro libre indirecto y amonestación.

Regla 5. El árbitro

Eduardo Galeano definió mejor que nadie al árbitro en un capítulo de su libro *El fútbol a sol y sombra*. "Los derrotados pierden por él y los victoriosos ganan a pesar de él. Coartada de todos los errores, explicación de todas las desgracias. Los hinchas tendrían que inventarlo si él no existiera. Cuanto más lo odian, más lo necesitan". Pierluigi Collina dejó otra memorable frase: "El fútbol no es un juego perfecto. No entiendo por qué se quiere que el árbitro lo sea".

El fútbol nació como un deporte de caballeros y con unas normas tan básicas que los jugadores las tenían que matizar de mutuo acuerdo antes del comienzo del partido. En aquellas trece primeras reglas de 1863 no se mencionaba al árbitro ni el método para aplicarlas. Se suponía que dentro de ese ambiente de señorío nadie iba a actuar de mala fe y cualquier lance controvertido iba a ser solucionado por acuerdo de los jugadores con toda la honestidad del mundo.

En un primer momento, la solución del conflicto pasaba por los capitanes de los equipos. Sin embargo, ya antes de la "oficialización" de las Reglas, había surgido la figura de los *umpires* (que deriva del francés antiguo *nomper*, que significaba "diferente"), que eran una especie de delegados de los equipos que hacían la función de jueces solo en caso de desacuerdo. Se situaban detrás de cada portería y tomaban decisiones si eran requeridos por los capitanes. Es difícil imaginar qué podían opinar sobre jugadas en las que estaban a tantos metros de distancia, aunque su papel mediador parece que funcionó durante algún tiempo.

El rápido crecimiento del fútbol hacía imposible que las decisiones en las competiciones más importantes pudiesen depender del criterio de dos personas vinculadas a los equipos en liza. En 1871 se celebró la primera FA Cup de la historia y sus normas trajeron dos novedades: la figura del árbitro y la obligación de la neutralidad de los *umpires*.

"La Comisión designará dos umpires y un árbitro que actuarán en las eliminatorias finales. Ninguno de los umpires deberá ser miembro de ninguno de los dos equipos contendientes y su decisión será definitiva, salvo si hay desacuerdo, en cuyo caso llamarán al árbitro, que tomará la decisión final".

El primer gran árbitro de la historia fue Alfreid Stair, que dirigió las finales de la FA Cup de 1872, 1873 y 1874. Era a su vez jugador del Upton Park. Aún no utilizaba silbato ya que, debido a su función únicamente consultiva, no tenía que dirigir el juego. Oficialmente, ese invento no se utilizó hasta 1878, aunque parece haber constancia de que años antes ya se había empleado en algún partido.

La normativa del torneo más antiguo del mundo se había adelantado al propio reglamento, que no recogió la figura de los *umpires* hasta 1874 y la del árbitro hasta 1891. Fue en ese año, de grandes reformas en las Reglas, cuando los *umpires* abandonaron su posición al lado de las metas y se convirtieron en *linesman* (jueces de línea). No es casualidad que la presencia del árbitro coincida con la introducción del penalti: alguien tenía que pitarlo. Además, se le dieron poderes para expulsar a jugadores por "reiteración en conducta no caballerosa" o "conducta violenta", suspender el partido o conceder tiros libres "sin necesidad de petición". Para ello, el árbitro abandonó su posición cercana a la línea de banda y se introdujo en el terreno de juego.

La vestimenta del árbitro ha evolucionado con el paso del tiempo, en el que ha dejado de ser solo juez para convertirse también en deportista. En la final del primer Mundial, en 1930, el belga John Langenus vestía con chaqueta, camisa y corbata. En 1934, en la patética foto con el brazo derecho levantado para saludar a Mussolini, el trío ya lucía el que se convertiría en clásico uniforme negro. En 1994 llegaron las modernas camisetas de colores, un cambio al que también le encontró explicación Galeano. "Durante más de un siglo, el árbitro vistió de luto. ¿Por quién? Por él. Ahora disimula con colores".

John Langenus, moda arbitral de 1930

Los poderes del árbitro

La Regla 5 define los poderes del árbitro y hace un resumen de cómo debe actuar ante diferentes incidencias del juego. Como introducción a ellos, en 2016, se introdujo una frase que debe servir de guía en su forma de actuar y que muchas veces se ha denominado como la inexistente Regla 18: el sentido común. Y es que en algunas ocasiones, parece que ser árbitro es buscar la solución más complicada para problemas más sencillos.

Las decisiones serán tomadas según el mejor criterio del árbitro de acuerdo a las Reglas de Juego y el espíritu del juego y se basarán en la opinión del árbitro, quien tiene la discreción para tomar las decisiones adecuadas dentro del marco de las Reglas de Juego.

Este párrafo deja bien claro lo que ya sabemos y veremos reflejado en las Reglas siguientes, especialmente en la 12: casi todo queda a interpretación del árbitro. Las normas están escritas en las más de 200 páginas del reglamento de la FIFA y debe estar sujeto a ellas, pero en el campo solo a él le corresponde aplicarlas y, para ello, tiene un alto grado de discrecionalidad. Incluso, en la introducción, se admite que son los propios árbitros los que tienen que solucionar las jugadas que no tienen cabida en el texto. Y es que las acciones que se pueden dar en un partido de fútbol son infinitas.

> Las Reglas no pueden abarcar toda situación posible; cuando no existe una disposición específica en las Reglas, el IFAB espera del árbitro que tome una decisión conforme al 'espíritu' del juego, lo que suele implicar hacerse la pregunta: "¿Qué quiere / espera el fútbol?"

Bien es cierto que cada vez más, con las nuevas tecnologías, se hace hincapié en la uniformidad de criterio a nivel mundial y para ello se distribuye abundante material con vídeos de jugadas y la decisión que el árbitro debe tomar en cada una de ellas. Se trata de dar una cierta seguridad jurídica y acabar con aquello de que los árbitros británicos eran dialogantes y permitían entrar duro y los franceses más quisquillosos y autoritarios. Aún así, los equipos saben que los árbitros jamás serán iguales, porque eso supondría una robotización imposible. Por ello, en el fútbol profesional, el estudio de quien va a dirigir el partido forma parte del análisis de muchos entrenadores.

Las funciones genéricas del árbitro son las cuatro primeras que enumera esta Regla:

- hará cumplir las Reglas de Juego;

- controlará el partido en colaboración con los otros miembros del equipo arbitral;

- actuará como cronometrador, tomará nota de los incidentes en el partido y remitirá a las autoridades competentes un informe del partido, con datos sobre cualquier otro incidente que haya ocurrido antes, durante y después del partido;

- supervisará y/o indicará la reanudación del juego.

Esto es básicamente lo que es un árbitro. El que hace cumplir la ley, controla el partido, cronometra, castiga y hace de notario. Después, entra al detalle de cómo debe aplicar la ventaja, de sus poderes disciplinarios, de cómo actuar con las lesiones y de sus funciones ante una interferencia externa. Vamos con ello.

La ventaja

"La norma moral que valora a los árbitros". Así definía el reglamento de Escartín a la "ley de la ventaja". El israelí Abraham Klein, uno de los grandes árbitros de la historia, la definió como "una de las cosas más bellas del juego" y con su buena interpretación llegó a facilitar tres goles de Italia ante Polonia en un solo partido. Con el paso del tiempo, ha perdido mucho glamur. Tanto, que ya ni siquiera tiene el honorífico rango legal de antaño y desde hace muchos años, las Reglas hablan de aplicar ventaja a secas, dejando lo de "ley" para nostálgicos y aficionados.

De todas formas, los árbitros siguen disfrutando de su momento de gloria cuando sale bien. Algunos incluso la festejan, como el expresivo Mike Dean, que dio mucho que hablar por su alegría después de dos goles del Tottenham cuando en realidad estaba celebrando sendas ventajas que acabaron con el balón en las redes. Sin quitarles mérito a los árbitros de ahora, desde 1996, su aplicación se ha convertido en algo mucho más sencillo. ¿Por qué? Porque desde

Vídeo 5.1 Mike Dean celebra los goles del Tottenham

entonces, la FIFA, con buen criterio, permite que puedan volverse atrás en su decisión. Antes, una vez hecho el gesto, no había rectificación posible. Si el jugador perdía el balón o el árbitro había arriesgado de más en su decisión, mala suerte. Por eso, a veces trampeaban dejando un segundo de incertidumbre en el que no hacían la señal ni sancionaban la infracción, lo que resultaba negativo para dar seguridad a su decisión. Pitar una falta tarde por sistema hace que el árbitro pierda credibilidad.

El texto actual refleja esa posibilidad del árbitro de dar ventaja primero y señalar la infracción después si la cosa sale mal.

(El árbitro) permitirá que el juego prosiga si el equipo que sufre la infracción acaba en una situación ventajosa tras la acción, y sancionará la infracción cometida si no se produjera la situación ventajosa de manera inmediata o transcurridos unos pocos segundos.

De todas maneras, esto no puede suponer una doble oportunidad para el futbolista, si es el que desperdicia una ventaja bien concedida. Por ejemplo, si el árbitro la aplica en una situación correcta, con el jugador controlando el balón, en ataque y sin adversarios cerca y envía mal el pase, no debe volverse atrás; es el futbolista el que se ha equivocado y no él. Por eso, se debe desterrar uno de los clásicos mitos que habla de que penalti y gol es gol. Salvo que la acción sea tan inmediata que el árbitro pueda volverse atrás y señalar la pena máxima, el árbitro no debe aplicar una ventaja que sería arriesgadísima, incluso en situaciones en las que el delantero se queda solo contra el portero. ¿Hay realmente más opciones de gol en esa situación que en un lanzamiento desde los once metros? La frase mítica sería cierta en "falsas ventajas", como las acciones en las que un defensa toca el balón con la mano bajo palos y el árbitro espera medio segundo a pitar para ver si el balón entra, para cambiar el penalti y expulsión por gol y amonestación, como por ejemplo sucedió en el tanto de Griezmann después de una parada de Busquets en el Real Sociedad - Barcelona de 2011. También podría ser válida cuando un jugador que ha tirado a portería es arrollado por un adversario. Ahí sí, por ser la misma acción, puede hacer la señal y volverse atrás si el balón no entra en meta.

Vídeo 5.2 El gol de Griezmann después de la mano de Busquets

Pese a estas facilidades que dan las Reglas, aún se siguen cometiendo algunos errores generados por las excesivas ganas de lucirse. Como norma general, no se debe aplicar en defensa, salvo que haya una opción muy clara de contraataque o que el portero tenga el balón en sus manos. Se trata de evitar una pérdida posterior de balón que acabe en gol, lo que sería una gran chapuza de ventaja, transformada en desventaja. Tampoco se debe confundir con la mera posesión del balón. Si el jugador sigue con la pelota, pero lo hace en una banda, de espaldas o rodeado de adversarios, posiblemente la mejor ventaja sea pitar la falta. Por eso, es muy raro que en la frontal del área haya opciones de concederla, porque esos tiros libres suelen ser muy buenas opciones de gol. La ventaja es, por tanto, una situación más frecuente en el centro del campo que cerca de las porterías.

Uno de los mitos más frecuentes sobre el reglamento tiene que ver con la ventaja. Si les preguntamos a aficionados y jugadores cómo tiene que actuar el árbitro cuando un defensa empieza a sujetar a un delantero fuera del área y persiste en su acción dentro, muchos aún siguen respondiendo que tiene que señalar tiro libre directo y no penalti porque "la falta es donde empieza". Esto es un disparate que va contra el principio de no beneficiar nunca al infractor y, además, contra el sentido común. Si las Reglas hiciesen caso a este pensamiento tan extendido, el defensa lo tendría fácil; una vez que ha agarrado fuera, no dudaría en insistir en su infracción, con la tranquilidad que le daría que jamás le castigarían con penalti. Afortunadamente, esto no es así.

El árbitro hará pública su decisión de aplicar la ventaja extendiendo los dos brazos de forma paralela al suelo. Desde 2016, las Reglas piensan en su comodidad y le permiten señalarla con un solo brazo si va en carrera. Esta unificación en la señal ha terminado con la simpática variedad de gestos de otra época, que van desde abrir los brazos como si el árbitro fuese a volar hasta agacharse y dejar caer las manos hacia el suelo, para hacerla más espectacular. Es recomendable que el árbitro la acompañe de un grito de "sigan" (¡esto sí que es mítico!) o "jueguen", sobre todo si el futbolista víctima de la falta queda tendido en el suelo y puede creer que no ha visto la infracción. De esta forma, se tranquilizará al saber que no la ha castigado para beneficiar a su equipo.

Las tarjetas después de ventaja

Aunque el árbitro no sancione una acción con tiro libre, puede hacerlo de forma disciplinaria cuando acabe la jugada. Esto multiplica la gloria del árbitro, al ser una acción muy valorada por sus informadores ya que aúna la dificultad de aplicar bien la ventaja y acordarse del número del infractor, algo que no siempre es fácil.

Decíamos que, como norma general, el árbitro no debía aplicarla en penaltis ni en zona defensiva. La Regla 12, que también habla de este tema, señala otro supuesto en el que es mejor parar el juego salvo que haya una ocasión muy clara de gol.

No se debería aplicar la ventaja en situaciones de juego brusco grave, conducta violenta o segunda infracción merecedora de amonestación, a menos que exista una clara oportunidad de marcar un gol. El árbitro expulsará al jugador en cuanto el balón deje de estar en juego, pero si el jugador juega el balón o se lo disputa o interfiere en un adversario, el árbitro detendrá el juego, expulsará al jugador y reanudará el juego con un tiro libre indirecto, a menos que el jugador haya cometido una infracción más grave.

Esto tiene su lógica. Permitir que el juego siga cuando un jugador le ha metido un puñetazo a otro solo conllevará una tangana que el árbitro podría haber frenado mostrando rápido la tarjeta roja. Además, se trata de evitar la situación de que marque gol el equipo del jugador que va a ser expulsado en cuanto se pare el partido. Para este supuesto, las Reglas han buscado diferentes soluciones. Hace quince años, en cuanto su equipo recuperaba el balón, el árbitro debía parar el juego y dar un balón a tierra. Después, y hasta 2016, la ventaja se llevaba hasta las últimas consecuencias. Tanto, que si el árbitro concedía ventaja en una situación de conducta violenta porque había una clara ocasión, esta se desperdiciaba y el infractor recuperaba el balón e incluso marcaba gol, este era válido. Lo celebraría camino del vestuario después de ver la tarjeta roja.

La solución de 2016 es intermedia. El equipo de un jugador que va a ser expulsado puede marcar un gol válido, siempre y cuando ese jugador no intervenga en el juego, en cuyo caso se señalará tiro libre indirecto. Parece una medida justa, pero a lo mejor no lo es tanto para el supuesto de que sea por doble amarilla, un caso que tiene mucha dificultad para el árbitro porque le obliga a tener memorizados los jugadores que tienen tarjeta para saber si en una falta merecedora de amonestación puede aplicar ventaja o debe parar el juego. Al poco de cambiar las Reglas, se dio esta circunstancia en el partido Maccabi-Zenit, de la previa de la Europa League. Dassa, jugador del equipo israelí, hizo una entrada de amarilla en el círculo central. El árbitro dio ventaja de forma errónea, porque era la segunda y no había clara ocasión de gol. El infractor, obviamente, no renunció a seguir con la jugada y acabó despejando

Vídeo 5.3 El indirecto después de ventaja en el Maccabi-Zenit

el balón en su área de meta. Para su desgracia, los intercomunicadores habían funcionado y alguien del equipo arbitral le había soplado al árbitro que ese jugador debía ser expulsado, por lo que señaló tiro libre indirecto por interferir en el juego después de ventaja en acción de tarjeta roja. El indirecto, a 5,50 metros de la portería, acabó en gol. ¿Estaba obligado Dassa a saber que no podía participar más en el juego?

Ventaja en tarjetas "tácticas"

Como veremos en la Regla 12, las faltas son amonestación si el árbitro las considera "temerarias", es decir, hechas "sin tener en cuenta el riesgo para un adversario". Podemos decir que se castiga la intensidad de la acción. Sin embargo, hay otro tipo de jugadas en las que, aunque la infracción en sí no deba suponer mayor castigo que la falta, se convierten en tarjeta amarilla porque "impiden un ataque prometedor". Las primeras siempre deben acabar con amonestación aunque haya ventaja. Sobre las segundas, hay diferentes criterios.

En partidos de la UEFA hemos visto varias veces como el árbitro acaba amonestando al infractor después de un agarrón donde se deja seguir el juego, como hubiese hecho de haberlo detenido. Desde hace años, en España, se utiliza una interpretación distinta. Como se entiende que sujetar a un adversario o la mano solo es tarjeta si impide un ataque prometedor, se considera que si el árbitro aplica la ventaja ese perjuicio táctico no se ha producido, por lo que no corresponde mostrar la tarjeta al acabar la jugada. Es un razonamiento lógico, aunque dudoso. Por ejemplo, en un contragolpe, esa retención del delantero puede propiciar que más defensas lleguen a la acción y, aunque la ventaja siga siendo la mejor opción, el equipo atacante se ve perjudicado. La norma de que en las infracciones de sujetar y mano no se amoneste aún no acaba de ser interiorizada por futbolistas y entrenadores, que la reclaman insistentemente.

Sin embargo, la tarjeta por sujetar se amplió a un nuevo supuesto en 2017, al interpretarse que también debe verla el jugador que lo haga de forma clara y ostensible. Desde ese punto de vista, podría ser amonestado aunque el árbitro hubiese aplicado ventaja porque la acción es merecedora de sanción por sí misma,

Vídeo 5.4 Cañizares explica la no tarjeta después de sujetar

independientemente de la situación de juego. Hace años, Cañizares, en una gran labor divulgativa, le dio un tirón de orejas a Emery en El Día Después por reclamar tarjeta en una de estas acciones. Por aquel entonces, el entrenador no tenía razón y mostraba su desconocimiento de la norma. A día de hoy, quizá la sanción disciplinaria por "mostrar falta de respeto por el juego" (ver Regla 12) fuese correcta, pero nunca por "evitar un ataque prometedor".

Los poderes disciplinarios

Así como las sanciones técnicas (tiro libre directo, indirecto y penalti) solo tienen lugar mientras el balón está en juego, los poderes disciplinarios del árbitro empiezan cuando entra al campo a realizar la inspección previa al encuentro y duran hasta que lo abandona después de haber concluido el partido. De esto hablaremos con más detalle en la Regla 12.

Dentro de este apartado, se incluye uno de los supuestos clásicos de los exámenes de árbitros: las infracciones simultáneas. El papel es el único sitio donde esto puede suceder. En la práctica, siempre hay algo que sucede antes, aunque podamos llegar a percibir que dos acciones tienen lugar al mismo tiempo y no veamos claro qué fue primero, como sucede con el huevo y la gallina. Las Reglas le han dado muchas vueltas al tema a lo largo de la historia. Hubo una época en la que se primaba la falta directa sobre la indirecta. Después, se convirtió en balón a tierra para todos los casos donde las infracciones fuesen cometidas por jugadores de diferentes equipos. La reforma de 2016 abordó el tema y determinó que se sancionase la falta más grave según cuatro criterios, que en las sucesivas interpretaciones se ha indicado que siguen este orden de prelación:

1. Sanción. Si un jugador insulta al árbitro (tarjeta roja), mientras otro se pone a hacer flexiones en el larguero (tarjeta amarilla), el juego se reanudará con indirecto donde estaba el expulsado. Eso no quiere decir que el que exhibe músculo se libre de la amonestación.

2. Reanudación. Aquí entramos en que, a igualdad de castigo disciplinario, se sanciona la directa sobre la indirecta.

3. Gravedad física. Imaginemos un agarrón que evita un ataque prometedor y una entrada fuerte, ambos merecedores de tiro

libre directo y amonestación. Se entiende que se debe castigar la falta de la entrada y sacar las dos tarjetas.

4. Repercusiones tácticas. A igualdad de los otros tres puntos, la que esté más cerca de la portería rival.

Las lesiones

Repetiremos cien veces que casi todo en el fútbol queda a interpretación del árbitro, ser todopoderoso que debe juzgar intenciones, valorar la fuerza de una acción, decidir lo que es peligroso y aplicar la psicología adecuada a cada momento. Se ha puesto muy de moda entre el colectivo la palabra "peritar" y cualquier aficionado alucinaría si escuchase a los árbitros más frikis hablar de peritar manos, zancadillas y empujones. Pues bien, según la Regla 5, también tienen que peritar lesiones. Casi como si fuesen médicos.

Cuando un árbitro ve a un jugador tendido en el suelo, debe valorar si la lesión puede ser grave y necesitar una asistencia inmediata o no. De ello dependerá que detenga el juego y lo reanude con balón a tierra o deje al futbolista doliéndose hasta la siguiente interrupción. Normalmente, con golpes en la cabeza, desvanecimientos, gritos exagerados y naturales de dolor, el árbitro debe ser prudente y parar. Pero el árbitro no debe excederse en sus funciones de médico. Cada vez que un jugador esté caído y el juego esté parado, debe acudir a interesarse por su estado, aunque sospeche que el futbolista esté echándole más cuento del debido. Permitir la reanudación cuando hay una lesión de verdad es una temeridad y lo dejaría quedar en muy mal lugar.

A partir de ahí, empieza un diálogo entre árbitro y jugador. Lo normal es que el árbitro pregunte si necesita asistencia, pero si el equipo va ganando por la mínima esto es como ofrecerle un caramelo a un niño. Jamás dirá que no. Por eso, la frase clásica es sustituida por un cariñoso mensaje de ánimo para que se levante y pierda el mínimo tiempo posible. Evidentemente, si la cosa es grave, se puede reclamar la presencia de los médicos sin esperar a que el jugador responda.

¿Médicos? ¿Los hay en los campos de fútbol? En los partidos de elite, siempre. De hecho, aunque los expulsen, pueden quedarse en los alrededores del terreno de juego por si su presencia fuese necesaria.

En los de regional, son sustituidos por voluntariosos delegados que auxilian al jugador con una botella de agua en la mano. Esa agua es milagrosa. Alivia dolores de inmediato y permite que un supuesto moribundo se levante y ande en pocos segundos. Por eso, es difícil de aplicar en todo el fútbol la instrucción de la FIFA de que las asistencias solo entren al campo a evaluar al lesionado, prohibiendo su tratamiento dentro del terreno salvo casos graves. En los partidos sin camilleros, compensa saltarse esta norma y permitir un mínimo auxilio que provoque el suficiente efecto placebo que permita al jugador salir por su propio pie.

Como si fuese un pequeño castigo contra el lesionado y para evitar el abuso de este recurso para ralentizar el juego, las Reglas indican que el jugador asistido tiene que salir del campo y solo puede reingresar una vez que el juego se haya reanudado. Tampoco es que suponga mucho perjuicio, porque en la mayoría de los casos esto significa perderse solo un par de segundos de partido si la recuperación es rápida. El árbitro lo autorizará según lo pida, salvo que el balón se encuentre en la zona por la que quiere volver. Hay otra restricción: con el balón en juego solo puede hacerlo por la línea de banda. Con el juego detenido, por cualquier zona. Si sale por herida sangrante, además, tendrá que ser revisado por cualquier miembro del equipo arbitral, de forma similar a la que explicamos en la Regla 4 para temas de equipamiento. Tampoco se permite que juegue con la ropa manchada de sangre. Estas normas son comunes a otros deportes y buscan prevenir el contagio de enfermedades infecciosas. Esto, en muchas ocasiones, obliga a que el juego esté detenido, ya que un asistente no debe desatender sus funciones mientras el balón está en juego para comprobar si el futbolista ha solucionado el problema. En los partidos con cuarto árbitro e intercomunicadores, esto es más factible. Por cierto, así como cualquiera de ellos puede revisar al jugador, solo el árbitro puede autorizar su vuelta al juego.

Esta salida obligada del jugador lesionado tiene sus excepciones:

▪ Si es el guardameta. Como vimos en la Regla 3, es imprescindible.

▪ Si es un jugador que choca con el guardameta y ambos necesitan atención. Resultaba injusto que en estas acciones el portero se pudiese quedar en el campo y el delantero tuviese que irse.

- Si dos jugadores del mismo equipo chocan y ambos necesitan atención. Esto busca evitar que un equipo se quede momentáneamente con dos futbolistas menos. El alemán Stark se lo saltó en el partido de Champions 2012-2013 entre PSG y Barcelona, después del encontronazo entre Jordi Alba y Mascherano y obligó a los azulgranas a defender un córner con solo nueve jugadores.

- Si el jugador ha sido "víctima" de una acción de contacto físico sancionada con amonestación o expulsión. Esta novedad de 2016 está llena de sentido común. Era injusto que un futbolista recibiese una patada y su equipo tuviese que afrontar la reanudación del juego con uno menos. Para evitar salir, tienen que cumplirse varios requisitos. Primero, no llega con que sea una simple falta, sino que el infractor tiene que haber visto la tarjeta. Además, la interrupción desde que entran los médicos debe ser breve, según las Reglas no superior a 20 o 25 segundos. En caso contrario, debe abandonar el terreno de juego.

- Si un equipo está con siete jugadores, no se puede reanudar el juego con solo seis. Hay que esperar un tiempo prudencial a que se recupere.

Si el damnificado ha ido por lana y ha salido trasquilado, es decir, se ha ganado una tarjeta en el momento de lesionarse, el árbitro debe enseñarla antes de que abandone el terreno de juego, por muy cruel que pueda parecer hacerlo mientras se retira en camilla. Esto se hace por si no puede volver y queda sin mostrar. Lo que realmente resulta humillante y se debe evitar es hacerlo mientras está dolorido en el suelo.

La interferencia externa

En la Regla 3 ya comentamos cómo debía actuar el árbitro si un espectador, que recibe la denominación de "agente externo", entraba en el campo. La solución es muy similar a la que da la Regla 5 para una serie de situaciones a las que llama "interferencias" y sobre las que especifica cuatro ejemplos:

- la iluminación artificial sea inadecuada;

- un objeto lanzado por un espectador golpee a un miembro del equipo arbitral, a un jugador o a un miembro del cuerpo técnico de un equipo;

el árbitro podrá permitir que el partido continúe, o bien lo detenga, lo suspenda temporalmente o lo suspenda definitivamente, según la gravedad del incidente;

- un espectador haga sonar un silbato que interfiera en el juego;

- un segundo balón, un objeto o un animal entre en el terreno de juego durante el partido.

En los tres primeros casos, la solución es detener el partido y, si el balón estaba en juego y posteriormente se reanuda, dar balón a tierra. En el cuarto caso, el árbitro actuará como si fuese un espectador el que entrase; no debe parar el juego, salvo que haya interferencia. Incluso si hay esa interferencia, tiene que permitir el gol si el balón impacta con ese objeto o animal cuando va a entrar en la portería y acaba igualmente en las redes; eso sí, siempre y cuando no le haya impedido al equipo defensor la posibilidad de jugarlo. Aquí es inevitable acordarse del insólito gol en la Premier que le marcaron a Reina después de que la pelota chocase con un globo. De forma increíble, fue concedido, cuando lo correcto hubiese sido dar balón a tierra.

Vídeo 5.5 El globo que despistó a Reina

Volverse atrás en una decisión

Es muy raro que un árbitro rectifique una decisión. Esto hace inútiles las protestas de los futbolistas ya que con ellas solo van a ganar tarjetas. Es más, en los casos que se vuelva atrás, lo hará al recibir otro tipo de información, como puede ser la de un asistente, la del cuarto árbitro o la del VAR, con "v" de vídeo y no con "b" de borrachera. La opinión del bar como sinónimo de cantina del campo de fútbol no debe tenerla en cuenta. En otras ocasiones, es el *fair play* de un futbolista el que hace recapacitar al árbitro, como hizo Aaron Hunt cuando jugaba en el Werder Bremen después de que le señalasen un inexistente penalti. Se le acercó, le confesó que no le habían tocado y consiguió que cambiase la pena máxima por un balón a tierra, la solución que se debe tomar cuando se ha detenido el juego por error.

Sin embargo, este tipo de rectificaciones tiene límites, ya que la Regla 5 señala lo siguiente:

> El árbitro no podrá cambiar una decisión si se da cuenta que era incorrecta o conforme a una indicación de otro miembro del equipo arbitral si se ha reanudado el juego o el árbitro ha señalado el final del primer o del segundo tiempo (incluyendo el tiempo suplementario) y abandonado el terreno de juego o ha finalizado el partido.

Cuando se habla de la imposibilidad de tomar una nueva decisión cuando el juego se ha reanudado o el partido ha finalizado, se refiere al castigo técnico, es decir, a la posibilidad del árbitro de anular un gol o conceder un tiro libre. La sanción disciplinaria no se olvida y un jugador que insulta a un asistente no se librará de la expulsión aunque tarde varios minutos en conseguir llamar la atención del árbitro para contarle lo sucedido.

Pongamos el caso de que el árbitro concede un gol sin darse cuenta que el asistente había levantado su bandera para señalizar un fuera de juego. El árbitro puede verlo y señalar el tiro libre indirecto hasta que se realice el saque de centro. Si se da cuenta más tarde, la situación no tendría vuelta atrás. En este supuesto, hay suficiente tiempo para que sea casi imposible que no se vea la bandera arriba. Sin embargo, hay acciones más rápidas, como por ejemplo cuando el árbitro da saque de meta sin darse cuenta de que el balón ha entrado en la portería y salido por culpa de una red rota. Si permite la reanudación está perdido, ya que no puede dar el gol al haberse puesto el balón en juego.

El otro límite que marca esta Regla es el final del partido o el descanso, aunque en este último caso puede cambiar la decisión si no ha abandonado el terreno de juego, algo que cobra especial importancia con el uso del VAR. En el partido de la Bundesliga entre Mainz y Friburgo, el árbitro fue avisado de que en la última acción del primer tiempo un defensa había jugado el balón con la mano dentro de su área. Con los jugadores ya en el túnel de vestuarios, tomó la decisión de hacerle caso a su compañero de vídeo y

Video 5.6 El penalti del Mainz

señalar el penalti. Les mandó regresar y siete minutos después de haber señalado el descanso, el Mainz marcó desde los once metros. La decisión fue correcta, porque era el intermedio y el árbitro no se había marchado del campo.

Vídeo 5.7 El gol después de haber terminado el partido

Si esto hubiese sucedido al acabar el partido, el penalti jamás se hubiese lanzado porque las Reglas impiden que el árbitro rectifique una decisión cuando el encuentro ha finalizado. Sin VAR de por medio, sucedió en 2012, en un partido de Tercera División española entre el Ávila y el Aguilar. En el último segundo, el asistente levantó la bandera para conceder un gol fantasma, aunque, según se vio en el vídeo, parece difícil imaginarse que el balón entrase completamente. El árbitro no se percató y pitó el final. Los jugadores reclamaron sobre el césped, el árbitro habló con el asistente y dio la sensación, por la celebración de los futbolistas, que les confirmaba el gol de la victoria. Ya en frío, se debió dar cuenta de su fallo y en el acta señaló el correcto resultado de empate: el tanto no podía ser válido porque el partido había finalizado.

Regla 6. Los otros miembros del equipo arbitral

El argentino Pitana como árbitro, sus compatriotas Maidana y Belatti con la bandera, los holandeses Kuipers y Zeinstra de cuarto y quinto árbitro, el italiano Irrati de VAR y Vigliano, Astroza y Makkelie (argentino, chileno, holandés) de ayudantes. Este era el noneto arbitral de la final del pasado Mundial. Esta alineación podría ser, por su extensión, parecida a la que da un entrenador antes del partido. Del fútbol que nació sin árbitro se pasó al clásico trío, formado al principio por jueces de línea pertenecientes a los clubes. En los noventa, llegó el cuarteto arbitral. Las jugadas de área y los goles fantasma provocaron la necesidad de dotar al fútbol más profesional de dos asistentes extras. Como con doce ojos seguía habiendo errores, llegó el vídeo. Aunque al heroico árbitro del fútbol regional todo esto le suena a utopía, en los partidos de elite hay tres equipos muy numerosos. El de casa, el de fuera y el que trata de impartir justicia. En Rusia, el despliegue táctico incluía un árbitro, dos asistentes, un cuarto árbitro, un árbitro asistente de reserva, un árbitro de vídeo (VAR) y tres asistentes de vídeo (AVAR). Si llegan a contar con los asistentes de área, tendrían un once de gala. En el otro fútbol, sobrevive el romanticismo del árbitro solitario:

—¿Árbitro, tienes líneas?

—Sí, las del campo...

Los asistentes

Sus funciones fueron aumentando en las últimas décadas. Antes, las Reglas desconfiaban bastante de ellos y lo dejaban claro llamándoles jueces de línea. Lo suyo eran las rayas, que no siempre eran rectas: la de meta, la de banda y la del fuera de juego. Esta última, incluso con condiciones. Si observamos los gráficos del reglamento sobre colocación de principios de los 90, en los tiros libres cerca de la frontal del área, era el árbitro el que se encargaba de situarse

Vídeo 6.1 Los peculiares asistentes de club italianos

con el penúltimo defensor y el línea se iba al banderín de esquina para controlar el gol fantasma. Levantar la bandera en faltas era casi una osadía, no digamos en un penalti. El árbitro lo manejaba casi todo y el asistente podía opinar de vez en cuando, algo que aún se sigue llevando al extremo en muchos países en los que los asistentes en las categorías inferiores son miembros de los clubes en contienda. En Inglaterra esto funciona bastante bien y en Italia, otro de los países con este bienintencionado sistema, se han dado momentos curiosos, como el árbitro expulsando a uno de estos líneas por evidente parcialidad o incluso al asistente saltando al campo a recriminarle decisiones bandera en mano. En España a nadie se le ocurriría algo así y se prefiere el honesto romanticismo de que el árbitro actúe mejor solo que mal acompañado. Cuando se gira y ve al delantero adelantado encarando al portero, deshoja una margarita y dice creo que sí o creo que no. La intuición es el único VAR que hay en los campos de barro.

La diagonal clásica y el nuevo sistema de carriles. En la primera, el árbitro se mueve siempre por el lado opuesto al asistente, mientras que ahora corre por la banda más cercana a la jugada

El cambio de nombre en 1996 por el de árbitros asistentes fue algo más que eso. Se determinó que ellos también eran árbitros y que, aunque la última decisión siempre está en manos del principal, debían mojarse en situaciones que habían visto mejor que nadie. Era ilógico que se quedasen quietos cuando habían presenciado una infracción a dos metros de sus narices y la señalase el árbitro que estaba a veinte. La jugada que mejor refleja este cambio fue la ya mítica del Zaragoza-Barcelona, de ese mismo año, cuando Rafa Guerrero avisó a Mejuto González para que expulsase a Aguado por una colleja al azulgrana Couto que en realidad había dado su compañero Solana. La famosa frase "¡Rafa no me jodas!"

Vídeo 6.2 "Rafa, ¡no me jodas!"

aún sigue resonando en los campos de fútbol cada vez que un asistente toma una decisión controvertida. Como toda buena historia, tiene su dosis de falsedad. Esa expresión jamás existió, como podéis comprobar en los vídeos que hay del legendario diálogo.

La diagonal

A sus funciones clásicas de señalar saques de banda, meta y esquina, se les han añadido otras como indicar si el portero se adelanta en los penaltis o entrar en el terreno de juego a medir la distancia de las barreras en los tiros libres cercanos, con el fin de darle agilidad al juego. Además, deben señalar las faltas que el árbitro no haya podido observar y en las que tengan mejor visión. Para complementar eficazmente al árbitro, ya desde los años 30, se practica el sistema diagonal.

Fue Stanley Rous, autor de la gran reforma de las Reglas de 1938 y presidente de la FIFA entre 1961 y 1974, el que lo puso en práctica por primera vez en 1934, en un partido entre Manchester City y Portsmouth. Antes, el árbitro perseguía la jugada sin criterio. La idea de Rous buscaba darle sentido a sus movimientos en base a la distribución de las zonas del campo. No tenía sentido que al lado del balón estuviesen el árbitro y el linier mientras el resto del campo quedaba sin vigilancia ante un posible cambio de banda del juego. La diagonal se basa en eso: correr de forma que el árbitro busque acabar las jugadas en la zona opuesta al asistente, como si se guiase por una línea imaginaria que va de esquina a esquina. Esto proporciona las siguientes ventajas:

- Árbitros y asistentes no se "pisan" zonas. De esta manera, siempre debe estar uno de los dos cerca de la jugada.

- Tener una visión más amplia del juego, impidiendo que queden jugadores a la espalda del árbitro.

- Lograr que el árbitro y el asistente estén uno enfrente del otro, con el balón en medio. Esto favorece la comunicación visual, ya que el árbitro no tiene que distraer su atención del juego para encontrar rápidamente al asistente.

La idea de Rous sigue reflejada en las Reglas. El árbitro siempre debe intentar llevar el balón a su derecha y caer más hacia el lado "vacío" que hacia donde está su asistente. Sin embargo, la mejora de las condiciones físicas y la aparición de los intercomunicadores han hecho que, sin olvidar esos preceptos básicos, se esté insistiendo en que el árbitro debe flexibilizar mucho esa línea imaginaria y cerrar más espacio con el asistente para evitar que la excesiva distancia entre ambos cree zonas ciegas. En España, país donde los árbitros corren más que en ningún otro, se habla más de carriles que de diagonales, como vemos en el dibujo. La ayuda extra que suponen los "pinganillos" para comunicar rápidamente cualquier incidencia hace que pueda renunciar en parte a controlar sus espaldas, dejándolas en manos del asistente del lado del campo en el que no se está atacando y de esta manera, estar más cerca de la jugada.

Las señales y el trabajo en equipo

Es algo que a los aficionados se les suele escapar, aunque normalmente lo deducen con acierto. Cuando el asistente levanta la bandera es que algo ha sucedido. Si marca hacia su derecha es que la infracción favorece al equipo que ataca en esa dirección y viceversa. Con frecuencia, es el que más soporta las iras de los exaltados. Los tiene a tiro de paraguas o escupitajos y, además, le exigen que se moje en todas las decisiones, algo que no le corresponde. Este es un breve resumen de cómo debe actuar en cada situación.

- Saques de banda. Debe señalizar todos los de su banda, aunque la responsabilidad de la decisión es solo suya, como norma general, en su mitad de campo. Ahí debe señalizar de forma directa la dirección del saque y el árbitro debe hacerle caso. En el campo contrario, es el árbitro el que toma la decisión, por estar mejor situado, y el asistente debe ver su señal y acompañarlo. Es fundamental para dar sensación de unidad y evitar el desconcierto de público y jugadores que no haya "banderazos", esto es, que árbitro y asistente señalen para sitios distintos; deben ir juntos incluso en el error. Por eso, en la zona donde es dudoso quién puede tener mejor situación para decidir, debe haber buena comunicación visual. También es función del asistente indicar cuándo el balón sale por pocos centímetros. Aunque sea lejos de su posición, al estar sobre la línea de banda, tiene mejor perspectiva que el árbitro. En estos casos, si no tiene claro quién fue el último jugador en tocarlo, debe levantar la bandera para advertir de que el balón traspasó la línea y luego marcar la dirección, una vez que la señale el árbitro.

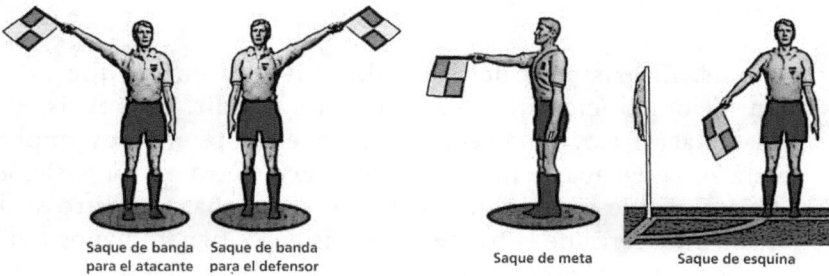

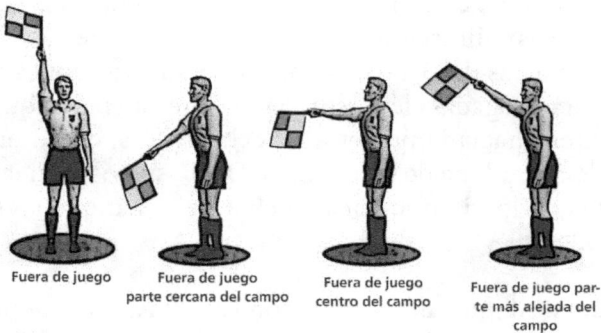

Saque de banda para el atacante   Saque de banda para el defensor

Saque de meta

Saque de esquina

Fuera de juego

Fuera de juego parte cercana del campo

Fuera de juego centro del campo

Fuera de juego parte más alejada del campo

Falta cometida por un defensor

Falta cometida por un atacante

Las señales del árbitro asistente

- Saques de meta y de esquina. Tiene el mismo sistema que el de los saques de banda. Debe marcar todos los de su línea de meta, salvo que la decisión sea obvia, y debe hacerlo de forma directa, salvo aquellos fuera de su zona (del otro lado de la portería) en los que el balón haya salido por poco; ahí advertirá al árbitro de que el balón salió levantando primero la bandera y luego lo acompañará en su decisión. Es importante que estas señales se hagan cerca del banderín. Queda feo señalar hacia el área de meta o el córner cuando se está lejos de la línea de fondo. Es función del asistente controlar que el balón esté bien colocado en el saque de meta para evitar la picaresca del portero que busca ganar algún metro extra.

- Faltas. El asistente debe señalar aquellas en las que están en mejor posición que el árbitro para decidir. Con el sistema diagonal clásico, donde el espacio entre ambos era muy amplio, esta zona llegaba incluso a diez o quince metros de su posición. Con el nuevo sistema que se aplica en España, el árbitro suele estar muy cerca de la banda y los asistentes tienen menos radio de acción. A diferencia del saque de banda, las faltas se señalan en dos tiempos. Primero levantan la bandera y, cuando el árbitro pita, señalan dirección. Fuera de su zona, debe estar muy atento a las espaldas del árbitro, sobre todo en situaciones de conducta violenta o jugadas clave, como puede ser un balón que se lleva un delantero hacia la portería. Muchas veces, como en el famoso gol de Maradona de la "mano de Dios", su posición lateral podría hacer que lo viese mejor que el árbitro, aunque la distancia sea considerable.

- Penaltis. Al igual que sucede con las faltas, el asistente tiene cada vez menos decisión por la cercanía del árbitro a la jugada. Sigue habiendo situaciones típicas en las que su visión es muy buena, como las manos en los centros con el defensa de frente a él. También es clave en las faltas cerca de la línea frontal del área de penalti: es a él a quien le corresponde decidir si esa infracción se ha producido dentro o fuera. Los penaltis se señalan levantando la bandera y corriendo hacia la esquina. No hace mucho, se señalaban cruzando la bandera a la altura de las rodillas para que solo el árbitro se enterase de que le estaban chivando la infracción, como para ocultar la responsabilidad del asistente. En el lanzamiento de la pena máxima, debe situarse en la intersección de la línea de meta y la del área de penalti; si el penalti es en la tanda, deberá acercarse más a la portería y situarse en la intersección con el área de meta. Tiene doble función: ver si la pelota ha entrado o si el portero se ha adelantado.

- Fuera de juego. Es clave su buena colocación para tener opciones reales de acertar, en línea con el penúltimo defensor o el balón, cuando es este el que marca la posible situación irregular. Debe tener paciencia y esperar a que el jugador adelantado participe realmente en el juego, como explicaremos en la Regla 11. Si es así, levantará su bandera con la mano derecha y después de que el árbitro pite, señalará si la infracción se produjo en la otra banda, en la zona central o en la más próxima a él.

- Goles. Si se marca un tanto y no hay dudas en cuanto a su legalidad, debe correr hacia el mediocampo. Si el balón ha entrado por poco, los llamados goles fantasma, debe levantar la bandera primero para llamar la atención del árbitro. Esta señal es de uso reciente, ya que antes era suficiente con la carrera y una discreta señal con el brazo.

El cuarto árbitro

Esta figura fue creada en 1991, con un rechazo similar al que tuvieron años después los asistentes de área. En un principio, sus funciones eran reemplazar al árbitro o al asistente si se lesionaba, supervisar las sustituciones, tomar nota de las incidencias y controlar los banquillos. Todo eso era considerado tan poco importante que a los equipos les pilló de sorpresa su imposición. Tanto, que ni pensaron en adaptar un espacio acorde a sus necesidades y recurrieron a la improvisación, como demostró un reportaje de El Día Después.

Vídeo 6.3 Los inicios del cuarto árbitro en la Liga española

No nos engañemos. El cuarto árbitro siempre resultó antipático, sobre todo para los entrenadores, que se vieron mucho más controlados. Eso quizá fue su primera gran utilidad: permitir que el asistente de banquillos se centrase solo en el juego y no estuviese perdiendo el tiempo vigilando que suplentes y cuerpo técnico tuviesen un comportamiento correcto. Tampoco hay que olvidar que en alguna ocasión ha tenido que salir a actuar, evitando la embarazosa situación que se da en las categorías que carecen de esta figura y hay que reclamar la presencia de un árbitro por megafonía cuando alguno del trío se lesiona. De hecho, este procedimiento está recogido por el propio Reglamento General de la RFEF, que señala que puede intervenir "cualquier árbitro con credencial federativa en vigor que se encontrase presente en las instalaciones deportivas".

El cuarto árbitro tiene cada vez más responsabilidad. Desde hace años, se encarga de señalar, a instancias del principal, el tiempo adicional. También debe controlar los balones de reserva y puede revisar que un jugador ha dejado de sangrar o cumple con el equipamiento para que el árbitro pueda permitir su vuelta al juego. Sin embargo, lo que más participación le ha dado es la invención de los intercomunicadores. Muchos árbitros le permiten opinar sobre jugadas cerca de su zona y eso provoca que muchas veces el cuarto árbitro camine entre los banquillos mirando hacia el balón. Y es que en el fútbol, cuantos más ojos, mejor.

Los asistentes de área
Después de varios experimentos, la UEFA dio luz verde para que los "jueces de área" se estrenasen de forma oficial en la Europa League de 2009. El año siguiente llegaron a la Champions y en 2012 a la Eurocopa. Aunque ya desde el primer momento se les atribuían más funciones que los goles fantasma, parecía una réplica al sistema del ojo de halcón. De hecho, durante esos primeros años, quedó patente una confrontación entre la FIFA, que apostaba por la tecnología, y la UEFA, que la desterraba y prefería la solución de los seis árbitros. Al final, parece que la coexistencia de ambos sistemas es un hecho consumado.

Ahí empezó la mala fama de los asistentes de área. Evidentemente, siguió habiendo errores porque el ojo humano no puede distinguir si un balón traspasó la línea o no de forma tan certera como lo hace el DAG. "¿Para qué sirven?", protestaban los aficionados, incapaces de entender a ese señor que lo único que parecía hacer durante noventa minutos era adoptar extrañas posturas para aparentar o conseguir la máxima concentración. El veredicto definitivo de su condena popular fue el penalti sobre el valencianista Zigic en los cuartos de final de la Europa League en 2010. El atlético Juanito le llegó a romper la camiseta en el área de meta ante la nula decisión del equipo arbitral. La UEFA no dio un paso atrás e incluso después de otro lío en la Eurocopa de 2012, con un gol injustamente no concedido a Ucrania frente a Inglaterra, Platini defendió su presencia, otorgándoles el mérito de un significativo aumento de los goles de cabeza.

Vídeo 6.4 El penalti a Zigic

España aún no los ha incorporado a sus partidos, pero en otros países, como en Italia, llevan años con ellos. Al principio se colocaban del lado opuesto al asistente, lo que dejaba bastante desubicado al árbitro que, con sus flancos cubiertos, corría prácticamente en línea recta entre los dos puntos de penalti. Ahora se colocan pegados al otro poste, lo que parece un contrasentido, ya que en ocasiones tienen la misma perspectiva que el asistente sin complementarse, como por ejemplo cuando hay un gol fantasma en el que el cuerpo de los jugadores puede tapar el balón. No hay una solución perfecta tampoco para esto.

Sí que es cierto que en ocasiones han ayudado y mucho a los árbitros. Lo hacen mediante intercomunicador y, si no lo hay, con un sistema de señal electrónica, es decir, pulsando un botón que hace que vibre un brazalete que lleva el árbitro. También han aligerado de funciones al asistente y asumen tareas que normalmente eran propias de ellos, como vigilar la colocación del balón en el saque de meta, el control de los guardametas en los penaltis o decidir si fue el delantero o el defensa el último en tocar el balón cuando sale del campo cerca de su zona.

Por si un árbitro, dos asistentes, otros dos de área y un cuarto árbitro fuesen pocos, las Reglas aún permiten un séptimo miembro en el campo, el árbitro asistente de reserva, cuya única función es sustituir a un asistente si se lesiona. La UEFA, de momento, se lo ahorra en partidos de Champions y Europa League y lo hace designando como cuarto árbitro a un asistente, mientras que los de área son árbitros y serían los que reemplazasen al principal. De las funciones del VAR y sus ayudantes, hablaremos en capítulo aparte.

PARTE 3
¡A JUGAR!

Regla 7. La duración del partido

Es bien sabido que un partido de fútbol dura 90 minutos, divididos en dos partes de 45. Dicen que los del Real Madrid duran un poco más, hasta que marque Sergio Ramos, pero es falso que esta excepción aparezca en la Regla. Aunque en la famosa reunión fundacional de 1863 no hubo acuerdo, desde 1866 ya se asumió como normal este cronometraje, que, sin embargo, no se hizo oficial hasta 1897. De todas formas, las propias Reglas, en su preámbulo, advierten que el tiempo puede variarse en partidos de fútbol base, amateur, veterano y en competiciones de jugadores con discapacidades. Por ejemplo, es común que en España los chavales de categoría cadete (entre 14 y 16 años), jueguen solo 80 minutos, aunque al ser competiciones regionales quedan en manos de la decisión de las diferentes federaciones territoriales. Incluso, la IFAB faculta a los equipos a modificar estos tiempos, siempre que lo hagan de acuerdo con el reglamento de la competición antes del comienzo del partido, por ejemplo, ante un previsible problema de falta de luz. Sin embargo, las normas de la RFEF no contemplan esta posibilidad.

Otra de las cuestiones en las que en España hay un vacío es la duración del descanso. Las Reglas lo dejan también en manos del reglamento de la competición, advirtiendo de que no puede superar los quince minutos. Ante la falta de una concreción mayor, se acaba tomando esa referencia. El descanso es un derecho de los jugadores. Los equipos pueden decidir reducir su duración o incluso renunciar a tenerlo, pero si uno solo de sus futbolistas lo exige, el árbitro debe concederlo. Desde 2017, se contempla también una pausa mínima para beber entre las dos partes de la prórroga y esta temporada se limitó este descanso a un minuto. Lo que sí especifica el Código Disciplinario de la RFEF es que si un equipo causa retraso en su salida para jugar el segundo tiempo o incluso para comenzar el partido, el entrenador será expulsado como responsable. De momento, en Primera División, ningún árbitro ha tomado esta medida.

Los árbitros del Mundial de Rusia llevaban unos relojes valorados en 5000 euros. Además del lujo propio del acontecimiento, incorporaban el sistema que les garantizaba saber en cuatro décimas de segundo si el balón había entrado en la meta. No sabemos qué aparato utilizó el brasileño Almeida Rego, que, en el primer Mundial de 1930, cortó una jugada de ataque de Francia para señalar el final en el minuto 84. Después de la invasión de campo y con los jugadores en las duchas, el árbitro asumió su error y mandó jugar los seis minutos que quedaban, algo que a día de hoy sigue siendo correcto. Nada cambió y Argentina ganó ese partido 1-0. Lo que jamás se puede hacer es compensar un error de cronometraje en la primera parte aumentando o disminuyendo la duración de la segunda.

El tiempo adicional

Los aficionados lo llaman "tiempo de descuento" y la RAE los avala al definirlo como "período de tiempo que, por interrupción de un partido, añade el árbitro al final reglamentario para compensar el tiempo perdido". A los traductores de las Reglas hace años no les gustó el término y señalaron que el tiempo no se descuenta, sino que se añade y lo sustituyeron por "tiempo adicional".

Lo más habitual es que un partido de fútbol tenga el juego detenido más de treinta minutos, lo que supone que no se juegan ni las dos terceras partes del total. La FIFA hizo un estudio sobre lo que se pierde de media por partido en cada interrupción para demostrar que lo que menos perjudica a la continuidad del juego es el VAR, con el que solo se pierde un minuto. Estos fueron los datos:

- Sustituciones. 2 min 57 s.

- Tiros libres. 8 min 51 s.

- Saques de banda. 7 min 2 s.

- Saques de meta. 5 min 45 s.

- Saques de esquina 3 min 57 s.

No se pueden quejar los aficionados, ya que en el fútbol americano se juegan doce minutos en una hora. La diferencia con otros deportes, como el baloncesto, es que no se detiene el reloj. La mayor parte de las más de cien interrupciones que tiene un partido se consideran parte del juego y su tiempo no debe ser recuperado. Los saques de banda, de meta, de esquina, las faltas y las broncas de los árbitros a los jugadores se consideran parones normales y esos lapsos no deben añadirse al final del período. En cambio, las Reglas consideran como detenciones "extraordinarias" las siguientes:

- sustituciones;

- evaluación y/o retirada de jugadores lesionados;

- pérdida de tiempo;

- sanciones disciplinarias;

- paradas del juego para beber (no superiores a un minuto) o por motivos médicos autorizados por el reglamento de la competición;

- retrasos originados por las comprobaciones y revisiones del VAR;

- cualquier otro motivo, lo que incluye todo retraso significativo en una reanudación (p. ej. celebraciones de goles).

Entre ellas llaman la atención las paradas para beber. Cualquier jugador puede acercarse a la línea de banda en una interrupción del juego para echar un trago. Sin embargo, en muchas situaciones, eso no es posible sin renunciar a perderse unos apreciables segundos si la reanudación es rápida. La previsión de altas temperaturas en el Mundial de Brasil y la creciente preocupación por la salud de los deportistas empujaron a la FIFA a aprobarlas de forma excepcional para los partidos que superasen determinadas cifras de temperatura y humedad. Así sucedió. En el minuto 39 del Estados Unidos-Portugal, a 32 grados, el árbitro concedió una pausa de tres minutos. La UEFA también lo estableció para los partidos de las fases previas, aquellos que se juegan en verano. Finalmente, en 2016, se incluyó en el texto oficial, dejando el asunto en manos del reglamento de la competición. La última edición de las Reglas indica que la duración de esta pausa no puede superar un minuto. Sin embargo, al principio de esta temporada, la RFEF autorizó parones de hasta tres minutos a la media hora de cada parte si había acuerdo entre los equipos, cuando la temperatura superase los 30 grados. Era una aparente contradicción, pero se explicó que lo de España no eran pausas para beber sino por motivos médicos, por lo que no les afecta esa limitación de un minuto que marcan ahora las Reglas.

También fue novedad en 2016 la inclusión del punto "sanciones disciplinarias". Normalmente, la tarjeta se muestra de forma rápida y no ocasiona más ralentización que la calma con que se tome el árbitro la anotación en su libreta. En estos casos, lo normal es no computar este tiempo para su añadido, algo que sí se debe hacer en caso de que haya más problemas, como una tangana o que el jugador expulsado retrase su salida del campo.

¿Cuánto hay que añadir? La tradición dice que un minuto en la primera parte y tres en la segunda, pero esto no es así, salvo para los árbitros más veteranos que convierten el hábito en norma. El árbitro debe sumar lo perdido en cada cambio, en cada lesión, en cada pérdida de tiempo. Durante muchos años, la costumbre era que el árbitro detuviese su cronómetro para hacer este control de forma más exacta. De ahí posiblemente provenga la manía de los jugadores de preguntarle si está el reloj parado. Aunque la respuesta sencilla sea decirles que sí, suele ser mentira: los árbitros, salvo excepciones, solo tocan el crono al principio y al final del partido. El motivo es evitar la angustiosa situación de olvidarse de reiniciarlo, sobre todo si no cuentan con asistentes.

De esta manera, los árbitros llegan a los últimos minutos de partido y tienen que echar sus cuentas. Para ayudarles y exigirles que sean rigurosos, la FIFA lanzó hace años la recomendación de que se diese medio minuto por cada interrupción para cambio y un minuto por cada lesión. Añadir menos de lo debido era una mala costumbre demasiado extendida que poco a poco se va corrigiendo y ya no sorprende ver segundas partes que se van más allá del minuto 50. De todas formas, esto solo es una orientación. Imaginemos que hay una lesión en la que se tarda tres minutos en trasladar al futbolista fuera del campo o que solo haga sustituciones el equipo que va perdiendo, que a buen seguro no empleará más de diez segundos en completar el proceso. En estos casos, no se puede aplicar el consejo de FIFA y hay que añadir lo que corresponde.

El mejor momento para pitar el final

Si en 1891 hubiesen dado un premio al juego sucio, hubiese recaído en el portero del Aston Villa. Esa temporada se habían introducido los penaltis en las Reglas y su equipo fue castigado con la nueva pena máxima en los últimos minutos de partido frente al Stoke City. Entre el revuelo por la decisión, tuvo la genial idea de patear el balón fuera del estadio. Para su fortuna, no había aún recogepelotas con balones de repuesto preparados. El tiempo se agotó y el árbitro pitó el final sin que se ejecutase el lanzamiento, algo conforme a las normas. El Aston Villa ganó por la mínima y las Reglas de 1892 ya advirtieron que jamás un partido debería terminarse antes de que se lanzase un penalti.

Por el contrario, nada impide terminar el partido cuando se va a ejecutar un tiro libre peligroso o cuando un jugador se queda solo delante del portero. Atentará al sentido común, pero no implica un error técnico. Ha habido casos en los que el árbitro pierde de vista la jugada mirando el reloj y cuando pita el final el balón está dirigiéndose hacia meta, con el consiguiente lío. La acción más famosa e inexplicable se dio en el Mundial del 78, cuando el galés Clive Thomas hizo

Vídeo 7.1 El pitido final antes del gol de Zico

sonar su silbato un segundo antes de que Zico marcase el gol de la victoria ante Suecia. "El juego había terminado. La culpa es de los brasileños, no debían haber perdido tanto tiempo para hacer el saque de esquina", explicó sobre la que a la postre fue su última decisión en una Copa del Mundo. Lo mandaron a casa al día siguiente. Por cierto, a Thomas se le conocía como *The Book*, por su aplicación estricta del reglamento.

En 1996, la federación italiana introdujo la obligatoriedad del cuarto árbitro de hacer público cuánto tiempo se comprometía a añadir el principal, una novedad que se extendió poco a poco hasta convertirse en norma en todo el mundo Esto lo debe hacer al final del último minuto de partido, es decir, cuando se cumple el 45 y el 90. De todas formas, la propia Regla ya aclara que se trata del tiempo mínimo que se prolongará el partido. Si en esa prolongación se producen nuevas incidencias, el árbitro deberá incrementarlo.

Esta norma se hizo en deferencia con el público y, quizá, buscando dar una sensación de transparencia. Solo es obligatoria en los partidos en los que hay cuarto árbitro y, en España, en los partidos de Segunda "B" y Tercera, se le suele comunicar al delegado de campo para que sea el encargado de hacerlo público. En el resto de categorías, el árbitro no tiene por qué dar esta información y tampoco tiene que decirle al jugador cuánto tiempo marca el cronómetro. Así que el árbitro que no da ni la hora está dentro de la ley, aunque caiga antipático. Hace años, era casi un pecado que accediese a hacerlo; ahora, suele responder sin problema, salvo que se lo pregunten cada minuto, cosa que también sucede. También en alguna ocasión tuvo lugar la siguiente conversación:

—Árbitro, ¿cómo vamos de tiempo?

—22 y medio

—¿Van o quedan?

Bromas aparte, lo del cartelito del cuarto árbitro ha supuesto más de un problema. Antes, el árbitro, dentro de un orden, pitaba el final cuando le convenía. Decían los más antiguos, y algunos lo siguen aplicando, que el final se debe pitar cuando lleva el balón el club que va ganando. Parece una chorrada, pero psicológicamente tiene su sentido. Si un equipo va perdiendo por la mínima y se le priva de su último ataque, aunque no haya llegado a portería en noventa minutos, da la sensación de que se le deja sin su gran opción, sin la jugada en la que iba a hacer todo lo que no había hecho en la hora y media anterior. Por eso, ese tipo de árbitro tampoco decretaba el final inmediatamente después de un gol decisivo. Siempre tenía la cortesía de permitir la "última" del equipo que había recibido un mazazo tan duro. Si sonaban tambores de guerra, pitar cerca del vestuario también era una táctica prudente.

Sin caer en el extremo de cortar una clara ocasión de gol, la decisión de impedir a un equipo el último ataque puede ocasionar polémica, cuando el balón merodea el área al cumplirse el tiempo prometido de añadido; pero si el árbitro ha indicado cuatro minutos extra y permite terminar la acción, se puede encontrar con un gol marcado en el 94:30, algo que también generará protestas. Hace varios años, el CTA intentó, con buen criterio, armonizar al menos las acciones a balón parado e indicó que los árbitros deben permitir su ejecución si la detención del juego se produjo antes del final del tiempo añadido. En el ejemplo anterior, si el balón sale a córner en el 93:45, el árbitro debe dejar sacar. Si a consecuencia de ello se produce un nuevo saque de esquina en el 94:10, el árbitro debe indicar el final.

Las medidas españolas contra las pérdidas de tiempo

Uno de los aspectos donde los equipos de casa han tenido siempre ventaja es el cronómetro. Cuando el rival aprieta, la victoria es por la mínima y el final se acerca, pocos dudan en recurrir a todo tipo de estratagemas para frenar el partido. Balones que no se envían cuando lo pide el árbitro, aficionados que los esconden para lanzarlos cuando el juego se reanuda o recogepelotas que se duermen son algunos de los recursos que todos los equipos han criticado y, al mismo, han utilizado cuando les convenía. Cristiano se desesperó con el público del Reyno de Navarra después de perder en 2011 ante Osasuna. "Es inadmisible, lo único que han hecho es dar patadas y lanzar más balones de los permitidos al campo", protestó, lo que le valió la réplica de Pandiani, que le invitó a pagar los 602 euros de multa por las pérdidas de tiempo. "Todos sabemos quién tiró los balones a la grada", contestó el uruguayo.

Para solucionar este problema, el Código Disciplinario de la RFEF incluye tres medidas:

- Considera falta grave, con apercibimiento de clausura para el estadio, el lanzamiento de balones desde la grada.

- Si un futbolista o miembro del equipo técnico lanza un balón desde el banquillo para retardar la reanudación del juego, será expulsado. Si el árbitro no consigue identificar al autor, la responsabilidad recaerá sobre el entrenador, con una sanción mínima de tres partidos. Este fue el motivo por el que Mateu Lahoz echó a Simeone en un partido frente al Málaga, después de una charla pedagógica con el técnico en el descanso.

- Si el lanzamiento lo hacen los recogepelotas, el responsable será el delegado de campo.

Vídeo 7.2 La expulsión de Simeone

Estas decisiones pueden ser discutibles porque chocan con las Reglas de Juego, donde un lanzamiento de un objeto al campo para perder tiempo solo es sancionado con amonestación. Además, parece injusto que se culpe al entrenador de la conducta de cualquier persona de su banquillo. No es el único caso en el que esto sucede, ya que, como vimos, también debe ser expulsado si el equipo retrasa su salida al terreno de juego. Sin embargo, la efectividad de estas medidas está fuera de toda duda. Se ha evitado el cachondeo de cuatro balones en el campo y, por fin, los partidos empiezan a su hora. Una prueba más de que muchos solo entienden el juego limpio a base de sanciones.

¿Son los árbitros caseros?

Los árbitros siempre tuvieron fama de tirar más hacia el equipo local y en muchas situaciones motivos no les faltaban. Hace cuarenta años dirigir partidos en ciertos campos era un ejercicio de heroísmo y supervivencia. Afortunadamente, aunque sigue habiendo incidentes, la violencia física ha disminuido y rara vez un árbitro acaba en el río o cosido a palos. La presión ambiental en el fútbol modesto se ha reducido y las medidas de seguridad en el profesional han aumentado. ¿Tiene sentido que haya un sesgo hogareño en las decisiones?

Parece un debate basado en sensaciones. Ningún árbitro admitirá jamás barrer para el de casa y el aficionado lo valorará según sean las decisiones beneficiosas o perjudiciales para su equipo. Lo mismo pasa con el sambenito que llevan de favorecer al poderoso, como si hubiese una sumisión a un escudo. Podíamos pensar que la presión mediática está detrás de ese supuesto cariño del árbitro por Madrid y Barça, pero no debe ser el único motivo para los buscadores de conspiraciones. A los árbitros de benjamines y de Tercera Regional también les acusan de "ayudar a los grandes".

Varios investigadores han intentado averiguar si este pensamiento es cierto o no. Podían haber estudiado los errores en los penaltis o en las expulsiones, pero eso es muy difícil de calificar y de cuantificar. Entonces, buscaron un dato numérico para su análisis: el tiempo añadido. Un estudio de 2005 de Luis Garicano, Palacios-Huertas y Prendergast reveló que los árbitros prolongaban la segunda parte una media de cuatro minutos cuando el equipo de casa perdía por la mínima, pero solo dos cuando ganaba por esa diferencia. Más recientes son las conclusiones de un profesor de la Universidad de Vigo, Carlos Lago, que se centró en el favoritismo a los dos grandes de la liga española y llegó a la conclusión de que disfrutaban de más minutos extra cuando iban perdiendo de los que sufrían cuando iban ganando.

Los datos son curiosos y parecen corroborar que en la cabeza del árbitro trabaja un subconsciente que tiende a ceder a la presión de los aficionados y de los poderosos. Sin embargo, son solo números y obvian ciertos aspectos del juego. Es muy raro que el Madrid pierda tiempo cuando va ganando por la mínima en el Bernabéu a un equipo de los "pequeños". No suele ver peligrar su victoria e incluso piensa más en ampliar diferencias que en mantener el resultado. ¿Sucede lo mismo cuando un equipo inferior se ve con la hazaña de ir ganando al Barça?

Regla 8. El inicio y la reanudación del juego

El título es confuso y aunque fue varias veces renombrada, no parece que haya fórmula para buscar una denominación precisa para una Regla que engloba dos saques: el de centro, llamado "inicial", y el balón a tierra. Además, también habla del sorteo de campos. Hasta hace poco se llamaba "El saque de salida", lo que excluía al balón a tierra. Ahora, con esta denominación de "El inicio y la reanudación del juego", da la sensación de que habla de todos los saques, cuando el resto tiene su propia regla. Es por eso que en su primer párrafo enumera las diferentes formas que hay de reanudar el juego, siete en total. Además de las dos de las que hablaremos ahora, están los tiros libres (Regla 13), el penalti (R. 14), el saque de banda (R. 15), el saque de meta (R. 16) y el de esquina (R. 17).

El sorteo

Un sorteo por las metas deberá realizarse y el juego deberá comenzar mediante una patada con balón detenido desde el centro del campo por el bando que haya perdido el sorteo; el otro lado no deberá acercarse a menos de 10 yardas del balón hasta que haya sido sacado.

Esta era la segunda norma de las originales Reglas de 1863 y después de 150 años sigue casi igual, aunque en este largo camino haya dado algunas vueltas. Durante algún tiempo, el ganador de ese sorteo tenía el derecho de elegir entre la zona del campo y realizar el primer saque. Era el clásico "campo o pelota". En cambio, como si fuese un guiño a la tradición, la FIFA volvió en 1997 al sistema de 1863. El ganador elige la dirección en la que ataca y el perdedor realiza el saque. Eso choca con el espíritu de Juanito y su famoso decálogo para las remontadas del Real Madrid, que indicaba que era fundamental pedir el saque inicial para que el rival no tocase el balón ni al principio.

Vídeo 8.1 Piedra, papel, tijera

El sorteo, según la Regla, debe realizarse "con lanzamiento de moneda". Es el cara o cruz, aunque ahora los euros no tienen ni caras ni cruces y se ha reconvertido a una elección entre número o dibujo. Será por eso que incluso la FIFA lanzó su propia moneda, que no es más que una ficha metálica amarilla por un lado y azul por el otro. Para el pasado Mundial hizo un diseño exclusivo, que pasará a la historia gracias a la pregunta de Néstor Pitana, árbitro de la final, a los capitanes. "¿Rusia o Coca-Cola?", una cuestión que parecía más propia de la Guerra Fría. Otros sistemas, como elegir la mano en la que está el silbato o incluso el piedra, papel, tijera, son irregulares, aunque muy prácticos

¿Rusia o Coca-Cola?

cuando el árbitro se olvida de llevar suelto en el bolsillo. Este último recurso, que parece cosa de partido de niños, fue usado ni más ni menos que en uno de la Bundesliga.

También se realizará un sorteo con el mismo sistema antes de la prórroga. Ahí nace una de las legendarias preguntas recreativas sobre el reglamento. ¿Puede un equipo marcar tres goles sin que el rival toque el balón? A todos se les ocurriría la posibilidad de dos, con un gol al borde del descanso y que el árbitro ya no deje reanudar el juego. En la segunda parte, saca el equipo que acababa de marcar y consigue así los dos tantos seguidos. El caso de tres goles es un poco de ciencia ficción y se basa en que ese equipo logra el segundo después de una maravillosa posesión de 45 minutos que ni el Barça de Guardiola fue capaz de conseguir. Marca en el último segundo de partido y se llega a la prórroga. Nuevo sorteo y en la primera parte de la prórroga saca el mismo equipo para hacer el triplete goleador sin que el rival haya olido el balón. Nunca sucederá en la práctica, pero os servirá para ganar unas cervezas en una apuesta. Para que luego digan que saber las Reglas no es útil.

El saque inicial

Durante muchos años se le llamó "saque de salida", pero realmente todo el mundo lo conoce como "saque de centro". De hecho, con los dos nombres que le han dado las Reglas, da la sensación de que solo se refieren al primer saque de partido, cuando en realidad, todos esos saques después de un gol son "iniciales". Sigue sonando un poco raro eso de que un equipo haga un "saque inicial" en el minuto 88. Es la traducción del *kick-off* inglés.

En 2016 se rompió una de las tradiciones del fútbol y el saque dejó de ser obligatoriamente hacia delante. A veces se dio el romántico razonamiento de que esto era así para mostrar el carácter ofensivo del juego. Será que ahora nos hemos vuelto más defensivos y desde que se permite jugar el balón en cualquier dirección, casi todos los equipos optan por dar un pase hacia atrás.

Pese a que a los defensores de lo clásico no les haya gustado el cambio, lo cierto es que el procedimiento era incumplido la mayoría de las veces. Aunque el saque se tuviese que hacer hacia delante, era obligatorio que todos los jugadores estuviesen en su propia mitad de campo, pero muchas veces el receptor del minipase estaba más allá de la línea antes de que el árbitro pitase. La aplicación del nuevo texto también tenía sus vicios, por el mismo motivo. Al realizar el saque hacia atrás, el ejecutor estaba en campo contrario, algo que vulneraba esa misma norma. Para evitar esta irregularidad, nada mejor que hacerla legal. Desde junio de 2017, el ejecutor ya puede estar en campo contrario.

El balón está en juego cuando es pateado y se mueve claramente. Los adversarios se deben colocar a más de 9,15 metros, que quedan señalizados por el círculo central. La limitación es solo para el equipo que no realiza el saque. Ahora, nos hemos acostumbrado a ver dentro de este círculo al jugador que pone el balón en juego. Antes, teníamos el ojo adaptado a ver dos. Daba la sensación de que había algo en el reglamento que obligaba a ello. Nada de eso existía. El número mínimo de jugadores en el círculo central es y era uno (el que saca) y el máximo es y era once (los del equipo que sacan). Parece ser que el clásico videojuego FIFA solo permitía meter a dos, lo cual demuestra que los árbitros virtuales no saben las Reglas.

Es obligatorio que el árbitro silbe para autorizar el saque y solo puede hacerlo cuando todo el mundo esté en su sitio. Los jugadores lo saben y el equipo que se entretiene demasiado celebrando el gol suele dejar a un delantero haciéndose el despistado en el campo contrario para impedir que se pueda reanudar el juego. Sin embargo, ha habido casos de ingenuidad donde el equipo entero ha festejado el gol en su propio campo con la afición o el banquillo, haciendo posible que el árbitro pite y le marquen un gol a puerta vacía. Ojo con esto: solo es posible si los jugadores están en su propia mitad de campo. Si están fuera, no se debe permitir el saque.

Vídeo 8.2 Un equipo marca mientras otro celebra

Es válido el gol de saque inicial en la meta adversaria. En cambio, se cumple la norma general de que no vale jamás un tanto en propia portería. Si esto sucediese, sería saque de esquina. Tampoco es legal que el ejecutor toque dos veces seguidas el balón, lo que se castiga con tiro libre indirecto o incluso directo, si la segunda vez lo hace con la mano de forma voluntaria. Para cualquier otra infracción, como que un jugador entre en campo contrario antes de tiempo, el saque se repetirá y, salvo reincidencia, no le amonestará.

El balón a tierra

Es conocido popularmente como "bote neutral" y consiste en que el árbitro deje caer el balón desde la palma de su mano. Podemos decir que se concede cuando el partido ha sido detenido por un motivo "extraño", es decir, cuando ha sucedido algo que obligue a pararlo sin que haya habido un culpable al que se le pueda sancionar con tiro libre o penalti. Como ejemplos, va esta lista:

- Cuando se produce un desperfecto en una portería, por ejemplo, la rotura de un travesaño (Regla 1).

- Cuando el balón se deteriora (Regla 2).

- Cuando un agente externo (espectador) entra en el campo e interfiere en el juego, salvo que lo haga con la intención de evitar un gol, sin conseguirlo, y no haya dificultado la posibilidad del equipo defensor de jugarlo (Regla 3).

- Cuando la iluminación artificial es insuficiente, por ejemplo, después de un apagón (Regla 5).

- Cuando el árbitro detiene el juego porque estima que hay una lesión grave (Regla 5).

- Cuando entra un segundo balón, objeto o animal en el campo e interfiere en el juego; también cuando un espectador haga sonar su silbato y condicione a los jugadores, por ejemplo, frenándolos o haciéndoles coger el balón con las manos (Regla 5).

- Cuando se cometen infracciones simultáneas de igual gravedad (Regla 5).

- Cuando el árbitro detenga el partido, silbando por error, sin que haya habido ninguna infracción. Por ejemplo, precipitándose y haciéndolo antes de que un balón entre en meta (Regla 10).

El balón a tierra se ejecutará siempre donde estaba el balón cuando sucedió alguno de estos supuestos, con la excepción de que estuviese en el área de meta, en cuyo caso se hará en la línea frontal de esa área, en el punto más cercano de donde estaba la pelota. Para conceder un balón a tierra también es necesario que el balón estuviese en juego. Si no fuese así y sucediese algo de lo mencionado (por ejemplo, una entrada de un espectador o un balón que se pincha), el juego se reanudaría de la misma forma de la que se iba a hacer previamente.

Sobre el procedimiento, hay que desechar varios mitos. El primero de ellos es el número de jugadores. No hay número mínimo ni máximo que pueden disputar el balón. El equipo puede renunciar a acudir a la disputa o puede mandar a los once futbolistas a la pelea. Tampoco hay distancia mínima que haya que guardar. Incluso el portero puede hacerlo y cogerlo con la mano si está dentro de su área. El balón estará en juego cuando llega al suelo. Si un jugador lo toca antes de que esto suceda, el balón a tierra se repetirá. Si lo hace varias veces, el árbitro puede y debe amonestarlo, pero jamás señalar tiro libre, como veremos en la próxima Regla.

Hasta 2012, era válido un gol marcado chutando a portería después de un balón a tierra. La IFAB lo prohibió, debido al problema generado en un partido en el que un jugador, con la intención de devolver el balón hacia el portero, lo acabó colando por la escuadra. Se estableció que si se marcaba "directamente" se concediese saque de meta (si era en la portería adversaria) o saque de esquina (si era en propia portería). Quedaba en el aire la situación de que el futbolista, en vez de lanzar a portería, se llevase el balón y después de darle varios toques marcase. ¿Era eso gol legal o no? El entuerto quedó aclarado en 2016, cuando volvió a cambiar el texto de la Regla y se decidió que tenía que tocarlo un segundo jugador para ser válido.

Para cualquier otra situación, como que el árbitro sea tan torpe (o tan habilidoso) que haga que el balón salga del campo después del bote sin que lo toque nadie, el saque se repite.

Regla 9. El balón en juego o fuera de juego

Lo que más llama la atención de esta Regla es el título. Cuando hablamos de fuera de juego, siempre pensamos en un jugador en posición adelantada. Sin embargo, también se utiliza este término para hablar del balón. Es lo que popularmente se conoce como juego detenido.

Como veremos en la Regla 12, para poder sancionar una infracción con tiro libre o penalti es imprescindible que el balón esté en juego. Si esto no sucede, el árbitro solo podrá tomar medidas disciplinarias, pero no cambiar la forma de reanudar. Es decir, si un futbolista golpea a otro cuando se va a sacar de meta, el árbitro lo expulsará, pero reanudará con saque de meta.

Solo existen dos supuestos en los que el balón deja de estar en juego:

- cuando haya atravesado completamente la línea de meta o de banda, ya sea por el suelo o por el aire.

- el juego haya sido detenido por el árbitro.

Para que el balón se considere que ha salido del campo tiene que traspasar completamente alguna de las líneas que lo rodean. Esto es congruente con lo que explicábamos en la Regla 1, cuando decíamos que todas las líneas se consideran "interiores", es decir, que pertenecen al área que delimitan.

El segundo y último párrafo de esta breve Regla nos recuerda lo siguiente:

> El balón estará en juego en el resto de situaciones, lo que incluye cuando rebote de un miembro del equipo arbitral, poste de la portería, travesaño o banderín de esquina y permanezca en el terreno de juego.

Lo del poste y el larguero resulta obvio y lo del banderín de esquina es un poco más sorprendente, pero sucede de vez en cuando y suele despistar bastante porque los jugadores se confían en que el balón va a salir del campo. Gracias a eso, el Atlético Mineiro logró la clasificación ante el Colo Colo en una Copa Libertadores, cuando su jugador Ed Carlos fue el único que buscó el balón hasta el último momento, lo controló y pudo centrar sin oposición para que un compañero marcase un golazo por la escuadra.

Vídeo 9.1 El banderín de esquina también juega

También es de sobra conocido que el balón sigue en juego después de rebotar en el árbitro, que a estos efectos es como "aire". Con los asistentes pasa lo mismo, si están tan cerca de la línea que impiden que el balón salga. En 2016, las Reglas ampliaron estos supuestos a todos los miembros del equipo arbitral, por lo que si el balón toca en un asistente de área y sigue en el campo, el juego debe continuar. Esto hace posible que los árbitros interrumpan ataques, hagan paredes, den taconazos o incluso marquen un gol, algo que muchos verán imposible, pero que ha sucedido. ¿Cuándo? En el último minuto de un partido de la liga turca de la temporada 86/87. Fue una acción

Vídeo 9.2 El gol del árbitro

desgraciada, pero la verdad es que era imposible estar peor colocado, dentro del área de meta y de frente a portería. La pelota le dio en los morros y acabó en las redes. Ni qué decir tiene que el árbitro no puede anotarse el tanto en el acta, lo cual resultaría excesivamente presuntuoso e incluso podría provocar una lucha por ser el "pichichi" del colectivo. La gloria se la debe llevar, injustamente, el último futbolista que tocó el balón.

En juego otra vez

Si resulta sencillo y lógico saber si el juego está detenido, más complicado es distinguir cuándo se considera reanudado. La simple deducción de cuando el balón se mueva no es suficiente ya que cada saque, en su propia regla, describe cuando el balón vuelve a estar en juego. Este es el resumen.

Saque inicial	Cuando el balón es pateado y se mueve claramente
Saque de banda	Cuando el balón entra en el terreno de juego
Balón a tierra	Cuando el balón toca el suelo
Penalti	Cuando el balón es pateado y se mueve claramente hacia delante
Saque de esquina	Cuando el balón es pateado y se mueve claramente
Saque de meta	Cuando el balón sale del área de penalti
Tiro libre	Cuando el balón es pateado y se mueve claramente. Excepción: si es dentro del área de penalti a favor del equipo defensor, cuando sale del área de penalti

Como decíamos, es fundamental la importancia de este cuadro en algunas jugadas. Por ejemplo, si el árbitro da un balón a tierra y un jugador da una patada a otro antes de que toque el suelo, podrá amonestarlo o expulsarlo, pero la reanudación correcta será con el mismo balón a tierra. Lo mismo sucede en el caso de una infracción en un saque de meta o en un tiro libre a favor del equipo defensor cuando el balón aún no ha salido del área de penalti: jamás se podrá señalar tiro libre o penalti, sino que el saque deberá repetirse.

Regla 10. El resultado de un partido

Era una Regla muy breve cuando se llamaba "El gol marcado". Se resumía en que se obtenía un gol cuando el balón traspasaba completamente la línea de meta entre los postes y el travesaño sin que se hubiese producido una infracción anterior por parte del equipo atacante. Ahora se denomina "El resultado de un partido" e incluye los sistemas de desempate que todos conocemos para encuentros como finales o eliminatorias en los que sea obligatorio que haya un ganador. Actualmente, la FIFA solo considera válidos tres y deja al reglamento de la competición la elección de uno o varios de ellos:

- regla de goles marcados fuera de casa;

- tiempo suplementario;

- tiros desde el punto de penalti.

De este último hablaremos en la Regla 14, la que habla del penalti. Los otros dos tienen poco que contar desde el punto de vista reglamentario. Como curiosidad, aunque normalmente el tiempo suplementario consta de dos partes de un cuarto de hora, el texto deja abierta la posibilidad a que su duración sea menor y habla de "no más de quince minutos". Desde 2017, se estipula que entre las dos partes de la prórroga haya una breve pausa para beber, algo que se permitía en la práctica de forma antirreglamentaria.

Un poco de historia
La Regla de los goles marcados fuera de casa, resumida en esa falacia de "goles fuera valen doble" (realmente solo valen más si hay igualdad en el número total entre el partido de ida y de vuelta), nació

en 1965. Aunque muchas veces se justificó la existencia de este sistema para desempates como un incentivo para que el equipo visitante no se encerrase atrás dando por bueno un 0-0 o incluso un 1-0, realmente su nacimiento va ligado a la solución de otro problema. La UEFA lo introdujo para evitar partidos de desempate ya que, como veremos más adelante, el recurso de la tanda de penaltis no entró en vigor hasta 1970. El calendario y la sobrecarga física obligaron a buscar esta solución, que se estrenó inicialmente solo en la Recopa. En 1966 se extendió a la Copa de Ferias (precursora de la actual Europa League) y al año siguiente ya se aplicó en Copa de Europa, terminando con los desempates en campo neutral.

Una norma aparentemente tan sencilla también tuvo sus problemas de interpretación. En la segunda ronda de la Recopa de 1972, Sporting de Lisboa y Rangers se fueron a la prórroga después de terminar ambos partidos con el resultado de 3-2. En ese tiempo suplementario, jugado en territorio portugués, cada equipo marcó un gol, por lo que los 120 minutos concluyeron con un 4-3. El árbitro, un alemán llamado Laurens van Raavensm, entendió que la norma solo se aplicaba a los noventa minutos habituales y obligó a lanzar penaltis. Ganó el Sporting, pero los escoceses reclamaron y la UEFA les dio la razón. Esa tanda nunca debió existir. Curiosamente, el Rangers acabó ganando la Recopa de ese año.

Muchos ven injusta esta aplicación en las prórrogas. Entre ellos, Simeone. El entrenador argentino proclamó el agravio que supone que el equipo que juega el segundo partido fuera de casa disponga de treinta minutos más para lograr goles y que, como en el caso de Sporting y Rangers, un tanto por cada equipo suponga la eliminación de los locales. De hecho, en la Champions League de la CONCACAF o de Asia no la aplican como en Europa y la ajustan solo a los noventa minutos de juego. En las semifinales de Copa de la Liga inglesa hacen justo lo contrario y el valor doble de los tantos fuera de casa se aplica si el global permanece igualado después de la prórroga.

El tiempo suplementario tiene mucha más historia. En 1919, Brasil y Uruguay jugaron dos prórrogas de treinta minutos después de empatar en la Copa Sudamericana. Esas dos horas y media de partido se quedaron cortas tres años después, cuando Hamburgo y Nuremberg terminaron el tiempo reglamentario con empate a dos y las normas establecían un tiempo suplementario con gol de oro. El que marcaba, ganaba. Después de 99 minutos extra en los que nadie marcó, cayó la noche y hubo que suspender el partido. Se jugó una semana más tarde y la historia iba camino de repetirse después de terminar los noventa minutos con 1-1. En la prórroga tampoco hubo goles, pero el Nuremberg se quedó con siete futbolistas después de dos lesionados y dos expulsados y el partido se suspendió porque, por aquel entonces, no se podía jugar con menos de ocho. El Hamburgo, en un gesto de deportividad, rechazó el trofeo.

Este sistema no era el habitual, sino que normalmente se optaba por jugar un partido de desempate. Poco a poco se fueron implantando las dos partes de quince minutos y el lanzamiento de moneda si nadie marcaba. No fue hasta 1993 cuando la FIFA decidió darle una vuelta y aprobó la norma del gol de oro, cuyo primer gran torneo fue la Eurocopa de 1996. Su estreno fue glorioso. En la final, el alemán Bierhoff marcó en el minuto 95 y el partido terminó inmediatamente. Años después se sustituyó por el de plata, por el cual se declararía ganador a un equipo si llegaba en ventaja al final de la primera mitad de la prórroga. La República Checa, víctima del gol de Bierhoff, repitió desgracia en la Eurocopa de 2004 cuando Grecia le eliminó en semifinales con un gol de plata marcado en el minuto 105.

La idea no convenció. El miedo a que un gol supusiese el final hizo aumentar las precauciones defensivas y la FIFA derogó la norma hasta el punto de que las Reglas ya no consideran admisible esta forma de desempate y, si hay prórroga, obligan a que se juegue hasta el final.

PARTE 4
VAMOS AL LÍO

Regla 11. El fuera de juego

El fuera de juego nació al mismo tiempo que el fútbol y su constante evolución ha condicionado las tácticas de cada época. Eso convierte a esta Regla en la más importante, la que complica el juego, la que hace que el camino más directo hacia la portería contraria no sea siempre la línea recta. Aunque de vez en cuando salen iluminados pidiendo la supresión del fuera de juego, nada parece demostrar que eso fuese a aumentar el espectáculo, sino lo contrario. Una revista alemana, 11 Freunde, organizó en 2017 un partido sin esta norma. El encuentro fue, en palabras de los protagonistas, más aburrido de lo esperado y solo hubo un gol en los sesenta minutos de experimento.

En 1991, Barcelona y Real Madrid disputaron un amistoso en el que el fuera de juego solo se señalaba si el atacante estaba más adelantado que la línea frontal del área de penalti; es decir, solo habría posición incorrecta en los últimos 16,50 metros del campo, algo similar a lo que se aplica en los partidos de fútbol-7 o fútbol-8 de los niños. Aunque solo se señaló un fuera de juego, el partido tampoco pasó a la historia por su brillantez y los centrocampistas se quejaron del desgaste físico que suponía cubrir el espacio que los delanteros dejaban al poder situarse más cerca de la portería rival.

Vídeo 11.1 La final del mundial
sub-17

La FIFA llevó este experimento a competición oficial y lo hizo en el Mundial sub-17 de ese mismo año. El resultado fue decepcionante. Los equipos perdían el balón e inmediatamente replegaban sobre su portería, temerosos de un pase a la espalda de la zaga. No hubo ni más ocasiones, ni más goles, ni más espectáculo. En internet se encuentran vídeos de la final, que España perdió frente a Ghana, con la línea frontal del área prolongada hasta la banda.

Como curiosidad, la RAE acepta desde 2013 la versión española del *offside* y consideró buena la adaptación que muchas veces hemos escuchado de los aficionados más veteranos: "órsay". Su aceptación llega cuando esta forma de llamarle al fuera de juego está más en desuso.

McCraken y la trampa del fuera de juego

Quizá los aficionados más jóvenes no sepan que es un delantero "palomero". En las pachangas de patio de colegio, ese futbolista que vive al lado de la meta adversaria sigue siendo una figura clave. No corre, no defiende, posiblemente no le guste ni el juego. Simplemente está allí esperando cazar una paloma, redonda y normalmente blanca, para marcar un gol y tener su momento de gloria. En Argentina se les llama chupamates.

El Código Sheffield, débil precursor de las Reglas de 1863, daba cabida a estos oportunistas. No recogía la infracción de fuera de juego, la norma que les impide estar permanentemente delante del guardameta. Sin embargo, en la Freemason's Tavern, se aprobó algo totalmente opuesto a esa "barra libre": un texto que a los aficionados al rugby les sonará. La sexta norma decía así:

> Cuando un jugador haya pateado el balón, cualquier otro del mismo lado que se encuentre más cerca de la línea de meta del oponente estará fuera de juego, y no puede tocar el balón, ni de ningún modo impedir que lo haga otro jugador, hasta que él esté en juego; pero ningún jugador está fuera de juego cuando el balón es sacado desde detrás de la línea de meta.

Efectivamente, cualquier jugador por delante del balón estaba en posición irregular. Esto hacía que la única forma de superar la defensa contraria fuese el ataque en bloque. La primera gran revolución solo tardaría tres años en llegar. En 1866 se aprobó la "ley de los tres oponentes", por la que un jugador estaría en posición correcta si detrás tuviese a tres adversarios, normalmente el portero y dos defensas. La norma fue una adaptación de las grandes precursoras del fútbol, las Reglas de Cambridge, que permitían lo mismo, solo que eran necesarios cuatro oponentes más cerca de la portería para legalizar la situación del delantero.

El fútbol mejoró. Los jugadores empezaron a combinar, sabiendo que el pase hacia un compañero más adelantado ya era posible. Nació el primer sistema clásico de juego, el 2-3-5, la pirámide invertida, asumido casi como dogma de fe. Sin embargo, siempre había mentes inquietas dándole vueltas a cómo sacar partido de las normas y aprovechar de la mejor manera esta regla del fuera de juego. El gran innovador fue un defensa norirlandés del Newcastle llamado Bill McCracken.

¿Quién no ha escuchado alguna vez al jefe de la zaga gritar "¡salimos!" como si le fuese la vida en ello? Pues el primero en cantarlo parece ser que fue Bill. Realmente, teniendo en cuenta que solo tenía un compañero, cabe pensar que además de en inglés, lo diría en primera persona: "¡Salgo!". Con cierto disimulo, empezaba a correr hacia adelante, dejando a los delanteros a su espalda, junto con un defensa y el portero. Había inventado la "trampa del fuera de juego". Nadie antes la había puesto en práctica con tanto éxito. Los rivales caían una y otra vez. El Newcastle ganó las ligas de 1905, 1907 y 1909 y la FA Cup de 1910.

El factor sorpresa de Bill McCracken se fue diluyendo al tiempo que los equipos copiaban su exitosa estrategia. El resultado fue desolador: partidos con pocos goles para lo que se acostumbraba en la época, muchas interrupciones y hastío del público. Como si fuese una muestra de respeto, la FIFA esperó a su retirada para acometer la gran reforma de 1925, que fue algo tan simple como suprimir un prefijo. Donde hasta entonces ponía "antepenúltimo defensor" pasaría a poner "penúltimo defensor". De la "ley de los tres oponentes" pasábamos a la "ley de los dos oponentes", que sobrevive casi cien años después.

El cambio tuvo consecuencias inmediatas en el juego. La liga inglesa pasó de los 4700 goles de la temporada 1924-25 a los más de 6000 en el año siguiente. Pero la alegría ofensiva duró poco. Herbert Champan, entrenador del Arsenal, pasó a la historia como uno de los grandes estrategas al introducir el más conservador 3-4-3 y cambiar la pirámide invertida por la "WM". Ganó dos ligas, antes de su repentino fallecimiento en 1934 y después de haber demostrado, como había hecho McCracken, que un buen conocimiento de las Reglas de Juego hace mejores a los equipos.

La posición de fuera de juego

Aunque en ese 1925 quedaba definido el fuera de juego de una forma muy parecida a la que tenemos hoy, la Regla ha seguido evolucionando y casi siempre en la misma dirección: favorecer al atacante. Entre las medidas que surgieron después del fiasco futbolístico de Italia 90, el Mundial donde las defensas se impusieron a los ataques, estuvo la de considerar que si el atacante estaba en línea con el penúltimo defensor no estaría en situación incorrecta. Hasta entonces, se le consideraba en fuera de juego.

Desde el punto de vista teórico, eso significaba bien poco. La línea es un imposible en la vida real. Si examinásemos las jugadas con una máquina perfecta, siempre habría algo más adelantado o atrasado, aunque fuese por un milímetro, un talón, una uña larga o una coleta. Sin embargo, el ojo del asistente sí que percibe a delantero y defensa a la misma altura aunque jamás sea así. A esto se le sumó la recomendación de la FIFA de no levantar la bandera en caso de duda. Todo esto benefició a los atacantes.

Así pues, la Regla 11 define desde 1990 que un jugador está en posición de fuera de juego si en el momento que el balón es tocado por un compañero de equipo está más cerca de la línea de meta adversaria que el balón y el penúltimo defensor. Lo normal es que sea el último defensa el que marque la línea, con el portero por detrás, pero siempre hay que considerar que si el portero se adelanta, serán necesarios dos defensas para que el atacante esté en posición correcta. También hay que considerar que si el balón supera esa línea imaginaria pasa automáticamente a marcar el fuera de juego.

En la definición, también hay que subrayar la importancia de la palabra "tocado". Siempre se habla de estar en fuera de juego en el momento del pase, como si fuese necesaria una voluntariedad del compañero que juega la pelota, pero esto no es imprescindible para ser sancionado. Hay que valorar la posición del posible infractor cada vez que un compañero toca el balón, aunque sea de forma involuntaria, aunque sea un simple roce. En ese momento nace la posibilidad de que haya órsay o no. De cara a las posibilidades que ofrece el VAR, la IFAB aún precisó más ese instante y aclaró que en el caso de que ese movimiento con el balón fuese continuado, por ejemplo, que estuviese pegado al pie unas décimas de segundo antes de salir hacia el compañero, se tuviese en cuenta el contacto inicial con la pelota. Una distinción imposible sin repeticiones de vídeo.

¿Qué partes del cuerpo hay que tener en cuenta para determinar si la posición es ilegal? Cabeza, cuerpo y pies; es decir, todo menos los brazos. Se ha intentado razonar esto con el hecho de que son las partes del cuerpo con las que se puede jugar el balón y es posible que se pensase así a la hora de escribir la norma. Sin embargo, las Reglas ya aclaran que al guardameta tampoco le cuentan los brazos a la hora de juzgar si algún futbolista está o no en fuera de juego.

No existe posición de fuera de juego si un jugador está en campo propio cuando le envían el balón. En este caso, la línea de mediocampo se considera como parte de su mitad de terreno de juego y si está sobre ella, tampoco será sancionado. Sin embargo, sí que podrá ser sancionado si cuando recibe el balón está en esa posición, habiendo partido de una situación irregular en campo contrario.

La influencia

La posición de fuera de juego es algo objetivo. Las imágenes que suministra el VAR, con la precisión de las líneas y la congelación del momento justo en el que contacta el balón con el pie, hacen que se pueda determinar casi con total exactitud si un atacante está en situación legal o ilegal. Los medios ya lo hacían, aunque a veces misteriosamente se olvidaban defensores o sus líneas no eran paralelas a las del campo. Sin embargo, la

Enlace 11.2 El As borrando jugadores...

Enlace 11.3 ...y trazando líneas
no paralelas

máquina se encontrará con el problema de que la posición solo supone la mitad de la infracción. La otra mitad es lo que tradicionalmente se llama la influencia y las Reglas denominan como "participar de forma activa". Aquí está la gran dificultad de esta norma: como casi todo en el fútbol, el fuera de juego también queda a interpretación de los árbitros.

En este aspecto es donde más ha evolucionado esta Regla en los últimos años y siempre en la misma línea. Cada vez se eleva más el listón de lo que se considera tener influencia en la jugada lo que se traduce en cada vez menos fueras de juego. La recomendación para los asistentes es siempre "esperar y ver", es decir, no precipitarse en levantar la bandera y solo hacerlo cuando se confirma la participación del futbolista que sale de posición ilegal.

Hay tres formas de participar de forma activa:

- Interviniendo en el juego, al jugar o tocar un balón pasado o tocado por un compañero.

- Interfiriendo en un adversario.

- Ganando ventaja jugando el balón o interfiriendo en un adversario después de que el balón haya rebotado en un poste, travesaño, miembro del equipo arbitral o en un adversario.

El primer caso no presenta duda alguna. Si un jugador en posición de fuera de juego toca el balón, será sancionado. Los otros dos necesitan un mayor análisis.

Interferir en un adversario

La Comisión de Árbitros de la FIFA tiene ordenado (febrero de 1969) que "si el balón es lanzado a la zona donde está el jugador en posición ilegal, debe silbar inmediatamente sin aguardar el resultado del pase". Esperar y que el defensa despeje bien o mal y vaya después el balón al atacante situado en fuera de juego es faltar a lo ordenado y correr un riesgo innecesario.

Lamentamos tener que insistir contra la pésima, peligrosa y antirreglamentaria actitud de algunos árbitros, bastantes, quienes cuando un
atacante se halla fuera de juego en la zona de la jugada y la defensa va
a despejar, esperan a ver qué ocurre, confiados en que se producirá el
despeje. Esto es jugar la ventaja en favor del infractor (Reglamento de
Escartín).

Si no fuese por los paraguazos, ser asistente hace 25 años era
mucho más fácil que ahora. Los antiguos jueces de línea no tenían
que esperar a que el jugador tocase el balón o lo disputase. El simple
hecho de estar detrás de la defensa y hacer algún tipo de movimiento
hacia el balón los condenaba a ser sancionados. La bandera se
levantaba rápido, el delantero no se fatigaba en una carrera inútil, el
defensa no se desesperaba reclamando la infracción y hasta el rápido
pitido del árbitro hacía más convincente la decisión. El delantero
que corría hacia la pelota ya se consideraba que interfería en el
juego.

Si cogemos de forma literal el concepto "interferir en un adversario",
diríamos que estas antiguas interpretaciones tenían cierta lógica.
Un defensa que sabe que tiene un delantero a sus espaldas actúa
condicionado. Sabe que no puede dejar pasar el balón y buscará
despejarlo de cualquier manera, con el perjuicio que eso le puede
ocasionar. Sin embargo, "interferir en un adversario" se reduce
actualmente a cuatro supuestos.

1. Impedir que juegue o pueda jugar el balón, al obstruir
claramente el campo visual del adversario. Como muestra de las
intenciones de FIFA de favorecer a los atacantes está el añadido de
ese ambiguo "claramente" en 2013. Este tipo de acciones se dan sobre
todo en delanteros que quedan descolgados delante del guardameta
rival e impiden su reacción al no ver el balón. Ni qué decir tiene que
la Regla 11 no determina una distancia de referencia para orientar
que es "claramente". Eso sería imposible, ya que además de lo más
cerca o más lejos que pueda estar el jugador en posición irregular,
hay que ver si está o no en la trayectoria del balón.

Poco tardaron los entrenadores en intentar sacarle partido a
esta nueva redacción e idearon una estrategia para los tiros libres
cerca del área rival: situar a un delantero a medio camino entre la
barrera y el portero, para tocarle las narices. No se ponían justo

delante, lo que hubiese resultado un fuera de juego claro, si no que se colocaban a unos seis metros. Molestaban, pero solo un poco. Inicialmente, los árbitros dieron por buenas estas acciones y no consideraron que obstaculizasen "claramente" la visión. Al inicio de la temporada 2013-2014 se concedieron goles como uno del Granada al Levante en Primera y otro del Zaragoza al Getafe en Segunda. Los porteros se quejaron en un amplio reportaje del diario As. Keylor Navas, damnificado por ese gol del Granada, dijo que "Iturra me tapó y reaccioné tarde", Diego López habló de "ley absurda, que nos deja desprotegidos" y Courtois animó a los árbitros a "probarlo para valorarlo". Tenían razón. El atacante se ponía allí porque conseguía ventaja; si no, no se pondría. El Comité de Árbitros dio la orden de que se señalase fuera de juego en estas acciones si el delantero estaba en la trayectoria del balón y la innovadora estrategia quedó obsoleta en apenas unos meses.

Vídeo 11.4 Gol del Granada con posición de fuera de juego

Vídeo 11.5 Gol del Zaragoza con posición de fuera de juego

Enlace 11.6 Protesta de los porteros por el fuera de juego

Hay jugadas más claras. Por ejemplo, aquel gol anulado a Rivaldo en el Bernabéu en 2001, con 2-2 en el marcador y el tiempo casi cumplido, sería legal a pesar de que Casillas intentó justificar al árbitro diciendo que el barcelonista Gerard "le tapaba". Más reciente y dudosa es la jugada del gol de Messi frente al Valencia en la temporada 2016-2017. El argentino disparó a puerta y Luis Suárez saltó unos siete metros delante del portero, que da la sensación que tardó en reaccionar por este motivo. Hubo opiniones para todos los gustos, incluso entre los propios árbitros, pero

Vídeo 11.7 Gol anulado a Rivaldo en el último minuto

el CTA dio por buena inicialmente la decisión de Undiano Mallenco. Sin embargo, según la nueva interpretación dada a inicios de la temporada pasada, se determinó que por el impacto que tiene el movimiento de Suárez en el guarda-meta, esta acción debe ser sancionada con fuera de juego.

Vídeo 11.8 Gol de Messi contra el Valencia

2. Disputarle el balón. La UEFA definió este concepto como "interferencia física" y recalcó que el delantero debía estar "en distancia de juego" e incluso dio una referencia: no más lejos de "1 o 1,5 metros del defensa". En esa línea van los vídeos que publica FIFA sobre la materia. Lo que está claro es que, a diferencia de lo que señalaba Escartín hace cuarenta años, un atacante inmóvil a la espalda del defensa no será sancionado por fuera de juego porque no se considera que disputa el balón. Para que esto se produzca tiene que haber un enfrentamiento con el rival, un balón dividido, un salto, un choque, una pierna extendida. Es decir, una disputa directa.

No se debe confundir disputar el balón con intentar jugar el balón. Un atacante que corre hacia la pelota sin entrar en disputa con el defensa, no incurre en infracción. Incluso si se queda a escasos centímetros del balón o lo deja pasar por debajo de sus piernas porque se da cuenta de que entra un compañero en posición legal, no debe ser sancio-nado, como sucedió en una acción de la temporada 15/16 donde el asistente del

Vídeo 11.9 Acierto del asistente en el Betis-Osasuna

Betis-Osasuna se lució manteniendo la bandera abajo. La voluntad de jugar el balón no es por sí sola suficiente como para considerar que interfiere en un adversario sancionado por fuera de juego. La jugada que mejor representa estos cambios es el tercer gol del Athletic frente al Nápoles en la previa de Champions de 2014. Aduriz arranca en posición de fuera de juego en un pase al hueco, recorre diez metros buscando el balón y cuando está a punto de controlarlo, se da cuenta de que su compañero Ibai entra desde posición legal. Se frena y ante una defensa clavada e ingenuamente sorprendida,

Vídeo 11.10 Gol del Athletic frente al Nápoles

Vídeo 11.11 Fuera de juego en intento de remate

deja que sea su compañero el que encare portería. Esta acción justifica por qué los asistentes deben esperar y esperar hasta asegurarse que el posible infractor tiene influencia en el juego. Aunque los delanteros normalmente no lo entiendan, esto les favorece.

3. Intentar jugar claramente un balón que esté cerca de él, y esta acción tenga un impacto en un adversario. Este supuesto lo añadieron en 2016 y se puede enlazar con la acción anterior. Se da, sobre todo, en las situaciones de área de meta, donde el delantero en posición incorrecta se lanza al remate y no llega. El portero se queda clavado esperando esa primera acción, pero el que acaba marcándole el gol es otro delantero en posición legal. Cualquier amago de jugar el balón o invasión del espacio visual en el radio de acción más cercano (en diversas charlas se habló de una distancia inferior a unos cinco metros) que perjudique claramente al rival, debe ser sancionado. Valga como ejemplo este gol de la liga americana.

4. Realizar una acción que afecte claramente a la capacidad de un adversario de jugar el balón. También añadida en 2016. Muy parecida a las dos anteriores, se refiere a jugadas en las que el atacante en fuera de juego obstaculiza al defensa, por ejemplo, bloqueándole su opción de disputar el balón.

El balón que viene del defensa
La tercera forma de tener influencia en el juego es "ganar ventaja jugando el balón o interfiriendo en un adversario después de que el balón haya rebotado en un poste, travesaño o en un adversario". Si el balón rebota en la portería, como si lo hace en el árbitro, poca duda ofrece. Sigue tratándose de la misma jugada y si el atacante que estaba en posición incorrecta cuando su compañero tocó por última vez el balón acaba participando en el juego, debe ser sancionado. A estos efectos, siempre se dice que los postes, el larguero y el equipo arbitral son como aire, como si una ráfaga de viento cambiase la trayectoria del balón.

Tampoco se debe confundir esto de ganar ventaja después de un rebote con hacerlo después de que la juegue otro compañero de equipo. Esta situación es muy interesante desde el punto de vista táctico. Partimos de la situación de un atacante en clara posición de fuera de juego. Sin embargo, el compañero da el pase a otro delantero, en posición legal, que recibe el balón y lo envía hacia el jugador que inicialmente estaba adelantado, pero que en la segunda acción ya ha recuperado una posición correcta. Son dos jugadas independientes: en la primera hay posición sin influencia y en la segunda influencia sin posición. Este recurso se utiliza cada vez con más frecuencia.

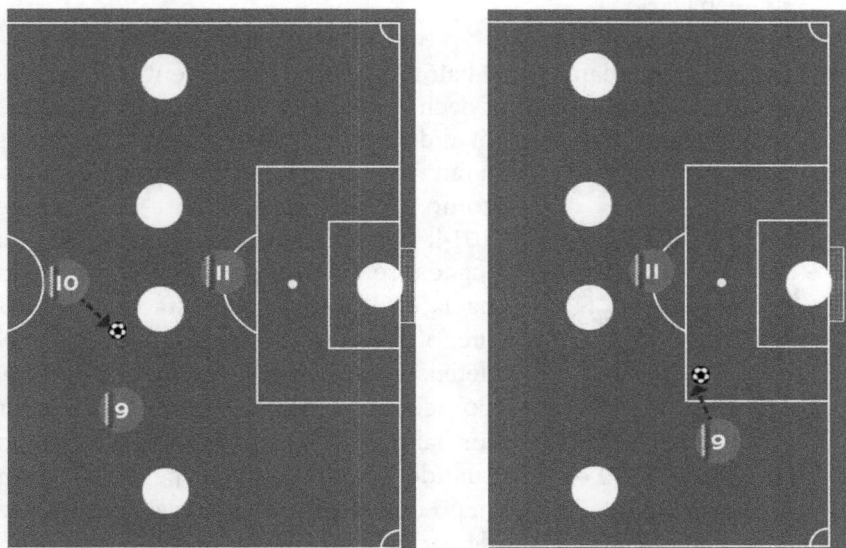

El n.º 10 da un pase al n.º 9 cuando el n.º 11 está en posición de fuera de juego, sin intervenir en la jugada. Después, el n.º 9 la toca hacia el n.º 11, que se encuentra ya en posición legal, al estar detrás del balón. Jugada legal.

Más polémica y cambiante ha sido la decisión que hay que tomar si el balón viene de un defensa antes de que el atacante influya en el juego. Antiguamente, esto habilitaba siempre al delantero a jugarlo. A día de hoy, la clave es diferenciar cómo el defensor toca el balón. Si le rebota, esto no impide la sanción de fuera de juego. Si lo juega deliberadamente, se rompe cualquier posibilidad de infracción y la jugada pasa a ser legal.

Vídeo 11.12 Cómo aprovecharse tácticamente del fuera de juego

- Por rebote se entiende cualquier balón que golpea en un defensa que está quieto y que no tiene voluntad de jugarlo. También se incluyen aquellas acciones en las que aunque hay un movimiento hacia la pelota e incluso alguna intencionalidad, se hacen con el único fin de crear un obstáculo, sin ánimo alguno de orientar el balón. Por ejemplo, un jugador que hace un gesto con la rodilla para interceptar un pase a escasa distancia del futbolista que lo realiza. También se consideraría rebote cuando un jugador salta en la barrera; aunque está claro que su objetivo es tocar el balón, lo hace de forma casi intuitiva, sin desplazarse y con el único fin de rechazarlo.

- Jugar deliberadamente el balón implica normalmente un desplazamiento del defensor, es decir, un "ataque" al balón. Imaginemos un pase largo, donde a mitad del camino, el defensa da unos pasos hacia la pelota y salta, con tan mala suerte que la peina hacia atrás, como sucedió en el Levante-Valencia de 2014. O cuando corre a interceptar una jugada, se lanza al suelo y echa el balón hacia el delantero que está en fuera de juego. También se incluye cuando el defensor hace un gesto técnico deficiente. Por ejemplo, cuando intenta controlar un balón y lo llega a tocar, pero falla, o cuando busca un despeje, pero este es tan malo que la pelota va hacia atrás en vez de hacia delante.

Vídeo 11.13 Gol legal en el Levante-Valencia

Pero la cosa no acaba aquí. Cuando un portero hace una palomita para evitar que el balón entre en su portería, está claro que juega el balón deliberadamente, ya que se trata de un desplazamiento hacia el balón con una voluntad de despejarlo. Sin embargo, como bien saben los aficionados, si el balón acaba en los pies del delantero que estaba en posición de fuera de juego cuando su compañero chutó a puerta, el árbitro sancionará fuera de juego. Es la excepción. Un defensa que juega deliberadamente anula la posibilidad de fuera de juego, excepto que se trate de una "salvada".

¿Qué es eso de una salvada? Un anglicismo (del verbo *to safe*) que durante años las Reglas sustituyeron por el más español pero menos ilustrativo "parada". Las Reglas definen la salvada como la "acción

CUANDO EL BALÓN VIENE DE UN DEFENSA...
¿ ES FUERA DE JUEGO...?

@Villa.gutierrez

JUEGO DELIBERADO

- El jugador va hacia el balón
  - ACCIÓN -

- El jugador tiene ⟨ Tiempo / Opciones

- El jugador tiene Control de su cuerpo. "No importa si es un mal despeje"

- Hay distancia para jugar Tiene espacio

DESVÍO / REBOTE

- El balón va hacia el jugador
  - REACCIÓN -

- El jugador no tiene opciones. El balón llega por sorpresa, inesperadamente.

- El jugador no tiene control de su cuerpo.

- El jugador siempre intentará tocar el balón cuando pasa cerca de él, aunque no siempre es deliberado

NO FUERA DE JUEGO

FUERA DE JUEGO

Diferencia entre rebote y jugar deliberadamente el balón. Apuntes de Marisa Villa

realizada por un jugador con el fin de detener o desviar el balón que va en dirección a la portería o muy cerca de ella con cualquier parte del cuerpo excepto con las manos (a menos que sea el guardameta en su propia área de penalti)". Aunque siempre la asociamos a una acción del portero, realmente la salvada la puede realizar un defensa, como sucedió en el Real Madrid-Athletic en 2015. Una jugada complicadísima, porque se le añadió que Benzema estaba fuera del campo cuando Cristiano Ronaldo hizo una chilena. El balón fue jugado deliberadamente por un defensa, pero lo hizo bajo palos.

De esta manera, es equivalente a si lo hubiese hecho el portero y mantiene abierta la posibilidad de fuera de juego. Como Benzema acudió a disputar ese balón rechazado interfiriendo en un defensa, la jugada hubiese sido ilegal.

Para acabar de complicar todo, la excepción tiene su propia excepción. Si el defensa juega deliberadamente el balón bajo palos pero lo hace con las manos de

Vídeo 11.14 Gol de Benzema tras salvada del defensa

Vídeo 11.15 Salvada con la mano en la Bundesliga

forma voluntaria ya no es una salvada y vuelve a legalizar la jugada. Es una acción rebuscada, porque el árbitro puede sancionar penalti y expulsión, que es lo más sencillo, pero si el gol es inmediato debería concederlo y amonestar al defensa. Esta acción sucedió en un partido de Bundesliga entre Hertha y Nuremberg de 2014. Con el portero adelantado, un jugador disparó a puerta mientras un compañero estaba en fuera de juego. Un defensa evitó el gol bajo palos e, inmediatamente después, el delantero en posición ilegal cogió el rechace y marcó gol. En ese momento, se consideraba salvada con cualquier parte del cuerpo, por lo que el árbitro no podría aplicar ventaja al haber infracción de fuera de juego y debió haber señalado penalti y expulsión (inexplicablemente señaló órsay). Hoy, al ser un balón jugado con la mano, sí que habilita al delantero y el árbitro pudo haber optado por dar el gol si hubiese tenido los suficientes reflejos para esperar un segundo antes de pitar la pena máxima.

Los jugadores fuera del campo

En el partido de la Eurocopa de 2008 entre Holanda e Italia se produjo una acción muy controvertida en el primero de los tres goles de la selección naranja. Van Nistelrooy marcó estando solo delante del portero, en lo que parecía un evidente fuera de juego. Sin embargo, desde unos cinco segundos antes, Panucci yacía lesionado fuera del terreno de juego después de un encontronazo con Buffon. La jugada dio mucho que hablar, ya que en ninguna parte de las Reglas figuraba de forma expresa si un jugador lesionado computaba o no a efectos de determinar la posición irregular. La UEFA salió inmediatamente en auxilio del árbitro y dictaminó que había acertado debido a la inmediatez de ambas acciones.

Vídeo 11.16 Gol en el Holanda-Italia

Una vez más, las Reglas evolucionaron a golpe de polémica y rápidamente incluyeron que todo jugador defensor fuera del terreno de juego se consideraba sobre la línea más cercana, de meta o banda, hasta la siguiente interrupción.

Afortunadamente, no conocemos jugada en la que esto se llevase al extremo, porque era una barbaridad. Imaginemos a Panucci, lesionado, tirado durante un minuto en el que el partido no se detiene mientras los holandeses juegan con la ventaja de saber que tienen a un defensa inútil rompiendo el fuera de juego. Parecía lógico que el gol de Holanda fuese legal, pero sería de locos que esta situación se prolongase más allá de unos segundos.

La reforma de 2016 intentó resolver este desaguisado. Y lo hizo de esta manera:

> A efectos de determinar el fuera de juego, se considerará que un jugador del equipo defensor que sale del terreno de juego sin la autorización del árbitro está situado en la línea de meta o de banda hasta la siguiente parada del juego o hasta que el equipo defensor haya jugado el balón hacia la línea media y se encuentre fuera de su área de penalti.

Con la inclusión de este párrafo, las Reglas determinaron dos posibles momentos en los que la jugada termina y el defensa pasa a considerarse como no participante en la acción a estos efectos. El primero, el que ya estaba, cuando hay una detención. El segundo, cuando el equipo defensor (no el atacante), juegue el balón fuera del área hacia el campo contrario. El gol de Holanda, de producirse hoy, ya no generaría ni debate ni aclaraciones. Sería legal totalmente.

Vídeo 11.17 Defensa sale del campo para provocar fuera de juego

Evidentemente, si el jugador sale por lesión o por una acción del juego, no incumple ninguna norma. En cambio, si tiene la ocurrencia de salir para dejar (supuestamente) al delantero en posición irregular, deberá ser amonestado. Diréis que nadie puede tener tanta imaginación sobre la marcha, pero en el fútbol hay mucho talento para las trampas, como lo demostró un defensa del Villarreal en un partido ante el Valencia. Después de

Vídeo 11.18 El más difícil todavía en la Liga rumana

quedarse desubicado, rompiendo el fuera de juego, dio un paso hacia fuera del campo y fue el primero en levantar la mano pidiendo que el asistente levantase la bandera. En vez de quejarse, debió dar las gracias porque el árbitro no viese su maniobra y se llevase la tarjeta.

En cambio, el atacante sí que puede salir del terreno de juego para evitar intervenir en la jugada. Imaginemos que el balón se le echa encima y quiere dejarlo pasar para que un compañero entre en posición legal. Es correcto que lo haga dando un paso hacia afuera. Si vuelve al terreno de juego después de salir por una acción del juego, como puede ser esta, se le considera sobre la línea por donde reingresa a efectos de fuera de juego. Vamos, lo mismo que un defensa. Si queréis ver lo complicado que puede ser esto, mirad la acción de la liga rumana donde se juntan jugadores fuera del campo con rebotes y comprobaréis que ser asistente no es nada fácil.

Y para terminar...

Existen tres saques en los que nunca hay fuera de juego: el de meta, el de banda y el de esquina. No confundamos la acción de saque de meta con la del portero que patea el balón soltándolo con las manos. En esa acción sí que debe sancionarse. Siempre llama la atención que se refleje expresamente en las Reglas que no hay infracción en el córner, como si esta fuese ya imposible por sacarse sobre la línea de meta. Podría darse la opción de que el ejecutor aprovechase el otro extremo del área de esquina y pasase el balón hacia un compañero más adelantado. Por eso, se especifica que ni en ese caso debe señalarse el fuera de juego.

Además de estos saques, la lógica obliga a que tampoco pueda haber infracción en un saque inicial ni en un penalti, ya que todos los compañeros del ejecutor deben estar detrás del balón. En el balón a tierra, si después de que el balón bote en el suelo, sin que lo toque nadie, se va a un atacante en posición de fuera de juego, se dejará seguir, ya que el balón no fue jugado antes por un compañero de equipo.

Vídeo 11.19 El error del asistente. ¡No hay órsay en un córner!

Como hemos insistido en este capítulo, el asistente debe esperar a que se consume la infracción para sancionarla.

El hecho de estar en posición de fuera de juego y correr hacia la jugada no es suficiente para ser castigado. Sin embargo, existe un caso en el que le puede ahorrar al jugador ese sprint innecesario. Si ese atacante va solo hacia el balón, previsiblemente va a llegar a alcanzarlo y no hay ningún compañero en posición legal que lo acompañe para acabar jugándolo, puede levantar su bandera. En caso de duda, siempre debe esperar, o más bien desesperar. A los defensas, al público y al delantero.

Cuando un equipo es sancionado con fuera de juego, el partido se reanudará con tiro libre indirecto. Hasta 2016, ese saque debía realizarse en el lugar donde estaba el delantero infractor en el momento de enviar el pase. Esto ha cambiado y se ha impuesto la lógica de que se reanude donde el jugador ha participado en la acción, es decir, donde se ha producido realmente la infracción. En el Albacete-Rayo Vallecano de la temporada pasada sucedió algo imposible hasta entonces: que el saque se realice en campo contrario. El local Zozulia había retrocedido desde una posición de fuera de juego para acabar teniendo influencia en la jugada cuando ya estaba en su propia mitad. El Rayo puso rápido el balón en movimiento en un lugar inesperado para los rivales, que reclamaron sin razón el gol encajado segundos después. Quique Martín, el entrenador, reconoció que el desconocimiento de este cambio les había jugado una mala pasada. "Esta semana voy a poner exámenes de Reglas de Juego a mis futbolistas", señaló. Una muestra más de que conocerlas puede dar puntos a final de liga.

Regla 12. Faltas y conducta incorrecta

Vamos de nuevo con Abraham Klein, el árbitro israelí del que hablamos cuando explicamos la ventaja. Klein fue mundialista en 1970, 1978 y 1982. En su carrera, innovó en facetas que hoy nos suenan normales pero que por aquel entonces eran menos valoradas por los árbitros como la condición física, la alimentación o el conocimiento de los jugadores y de los equipos. Tan grande era su obsesión que ante su primer gran partido internacional, un Italia-Polonia clasificatorio para el Mundial de Inglaterra, viajó con una semana de antelación para presenciar de incógnito un partido en el Olímpico de Roma y vivir el ambiente de un estadio con 80 000 hinchas, muchos más de los que estaba acostumbrado a sentir en la modesta liga de su

Enlace 12.1 La fascinante historia de Klein en The Guardian

país. Su historia, que incluye la tragedia de la Segunda Guerra Mundial, es tan interesante como sus libros sobre arbitraje.

Klein empezó en esto del silbato por casualidad, según contó un amplio reportaje en The Guardian. Un día, sus padres le encargaron comprar unos pantalones, pero el sastre no lo pudo atender porque tenía que arbitrar un partido. Klein lo acompañó y la casualidad quiso que su amigo se lesionase y no pudiese continuar dirigiendo. Rápidamente, pensó en que Klein pudiese rematar su faena, pero este no estaba muy convencido.

—No conozco las Reglas de Juego.

—¿Pero has jugado al fútbol?

—Sí, fui jugador. Sé lo que es una falta.

—Las Reglas son muy simples, esto no es la universidad. Si alguien comete una falta, silba.

—¿Eso es todo? ¿Eso son todas las Reglas?

—Eso es suficiente para este partido.

Parece contradictorio incluir este simplificador diálogo en un detallado libro sobre el reglamento, pero en el fondo viene a reflejar la crucial importancia de este capítulo. Arbitrar es tan sencillo como silbar cuando alguien hace algo malo. Y casi todo lo ilegal que no puede hacer un jugador está en esta Regla 12, cuyo título ha cambiado varias veces en los últimos años para volver a llamarse "Faltas y conducta incorrecta", como ya era en los años 40. En medio, fue nombrada como "Faltas y conducta antideportiva" y "Faltas e incorrecciones".

Pocas cosas estaban prohibidas en las primeras Reglas. La décima norma señalaba que "ni zancadillas ni patadas deberán permitirse y ningún jugador deberá usar sus manos para sujetar o empujar a un adversario". El uso de las manos hacia el balón se prohibía de tres formas. El noveno párrafo decía que "ningún jugador deberá correr con el balón en la mano", el undécimo que "un jugador no está autorizado a lanzar el balón o pasarlo a otro con sus manos" y el siguiente decía que no se podría tomar el balón del suelo con las manos "bajo ninguna excusa". Sin embargo, las manos sí estuvieron permitidas hasta 1866 si se realizaba un *fair catch*, la atrapada en el aire que aún pervive en el rugby, lo que además daba derecho a un tiro libre.

Aquellas reuniones de 1863 fueron tan tensas que marcaron la separación entre ambos deportes. La mayoría de los clubes acordó suprimir el *hacking* (la patada por debajo de la rodilla) cuando un jugador rival conducía el balón, algo que resultaba inadmisible para el Blackheath que aventuraba que su prohibición quitaría "el coraje y la valentía del juego". "Me siento tentado a traer a un montón de franceses que les derrotarán con una semana de práctica", aseguró su representante, Francis Campbell, que en 1871 contribuiría a la fundación de la federación de rugby.

La Regla divide los castigos entre técnicos y disciplinarios. Estos últimos se pueden llevar a cabo en cualquier momento. Sin embargo, para sancionar una falta de un jugador con tiro libre o penalti, es imprescindible que la infracción se produzca con el balón en juego. Este es el único requisito obligatorio desde 2016. Antes también era necesario que la infracción se produjese dentro del terreno de juego y que fuese cometida por un jugador, pero ahora ya se pueden sancionar de esta manera acciones cometidas fuera del campo e incluso infracciones del cuerpo técnico.

Los tiros libres directos

Las faltas sancionadas con tiro libre directo son mayoría en el fútbol. Básicamente, son las más graves, las que casi siempre implican contacto físico y cuya consecuencia cuando las comete el equipo defensor dentro de su área es el penalti.

Por un lado, están las faltas directas "clásicas". Durante mucho tiempo fueron nueve, luego diez, en 2016 pasaron a ser once, cuando se incorporó "obstaculizar con contacto" (acción que antes no tenía su epígrafe propio) y ahora son doce, al añadirse dentro de este apartado la infracción de lanzamiento de objetos. Desde hace años, están divididas en dos grupos. Por un lado, las que para ser sancionadas necesitan ser cometidas de una forma "imprudente", "temeraria" o con "uso de fuerza excesiva", unos términos que explicaremos más adelante. Son las siguientes:

- cargar contra un adversario;

- saltar sobre un adversario;

- dar una patada a un adversario o intentarlo;

- empujar un adversario;

- golpear un adversario o intentarlo (cabezazos incluidos);

- hacer una entrada a un adversario o disputarle el balón;

- poner una zancadilla a un adversario o intentarlo.

Estas siete se completan con las cinco que serán sancionadas siempre, sin que necesiten imprudencia, temeridad o uso excesivo de fuerza.

- tocar el balón deliberadamente con las manos (excepto el guardameta dentro de su propia área de penalti);

- sujetar a un adversario;

- obstaculizar a un adversario mediante un contacto físico;

- morder o escupir a alguien;

- lanzar un objeto contra el balón, a un adversario o a un árbitro, o golpear el balón con un objeto.

A estas faltas directas de toda la vida, las Reglas les añadieron en 2016 dos tipos de infracciones más que recibirán ese castigo. Un cambio con buen criterio, debido a la gravedad de estas acciones:

- las mencionadas en la Regla 3: cuando un sustituto, sustituido, expulsado o miembro del equipo técnico entre en el terreno de juego e interfiera en el juego. También cuando lo haga un jugador que estaba fuera y reingrese sin permiso.

- infracciones de contacto contra miembros del equipo técnico, árbitros, sustitutos, sustituidos y compañeros de equipo.

Esto último genera una profunda controversia. Parece claro que representa una evolución muy lógica: una agresión al árbitro o a un compañero de equipo debe ser sancionada con el máximo castigo, tiro libre directo (o penalti) y expulsión. Algo que antes no era así, ya que uno de los requisitos para que una falta fuese directa era que se cometiese sobre un adversario, por lo que una agresión sobre cualquier otra persona era solo indirecto.

Aclarado esto, hay un problema. Si parece lo más sensato que un empujón a un árbitro o a un compañero sea tiro libre directo, no parece tan justo que si un sustituto entra sin permiso en el campo y recibe un cachete sea premiado con un tiro libre directo o incluso penalti a su favor. Eso es posible siempre y cuando el intruso no haya interferido antes en el juego. Recordemos la Regla 3: si la persona no autorizada no interviene, el juego continúa. Desde el momento que interfiere, ya obligaría a señalarle tiro libre directo en su contra. Antiguamente, un sustituto que entraba y recibía un tortazo era castigado en todo caso con tiro libre en su contra porque el simple hecho de entrar, aún sin tocar el balón, era sancionado con indirecto.

Esta temporada hay dos novedades, más teóricas que prácticas. De forma un tanto curiosa se introduce la infracción de morder, como si los legisladores estuviesen pensando en algún jugador en concreto. De paso, también la incluyeron en los supuestos de expulsión. No es que antes no fuese falta directa o tarjeta roja, sino que se entendía integrada en los supuestos de golpear o de conducta violenta. Si el VAR hubiese existido hace cuatro años, la dentellada de Suárez a Chiellini hubiese tenido su merecido castigo, aunque las Reglas no reflejasen tan claramente este delito.

La otra aclaración es la citada del lanzamiento de objetos, que simplifica la solución a una de las acciones más retorcidas en los exámenes de Reglas de Juego. Una de las frases míticas del arbitraje venía a decir que cualquier objeto sujetado o lanzado con la mano se consideraba prolongación de esta. Si un defensa lanzaba un objeto hacia

Vídeo 12.2 Jugador del Besiktas lanza segundo balón sobre el balón

el balón e impactaba, tal y como hizo un jugador del Besiktas en la liga turca cuando una segunda pelota entró en el campo, se entendía que estaba cometiendo la misma infracción que si estiraba su brazo, aunque en este caso el árbitro cambió de forma inexplicable un penalti por un balón a tierra. La cosa se complicaba si el que lo hacía era el portero dentro de su área, ya que no se le podía castigar por mano y solo se podría penalizar con un tiro libre indirecto. Lo mismo si la acción era cometida con el pie o si la puntería fallaba y el objeto no hacía diana.

Vídeo 12.3 La falta de lanzamiento en el Alavés-Betis

Esta interpretación ha desaparecido y ha sido sustituida por una más sencilla. De este modo, cualquier lanzamiento de objeto hacia el balón, adversario o árbitro, con la parte del cuerpo que sea, será sancionado con tiro libre directo donde golpeó o hubiese golpeado a su objetivo; si este está fuera del campo, la reanudación será en la línea más cercana. Da igual que lo haga el portero, un jugador, un sustituto, un expulsado o un miembro del cuerpo técnico. Se ha convertido en una infracción totalmente independiente de la mano. Siempre supone como mínimo una amonestación, porque eso de andar arrojando cosas queda feo, y se convierte en expulsión si se hace con violencia o bien se evita ocasión manifiesta de gol. Desde luego, resulta muy tentador aprovechar que un segundo balón entra en el campo para desbaratar un ataque del rival y eso lo hizo el bético Camarasa en su partido frente al Alaves. Su despeje, nada casual, hacia la zona donde se estaba jugando, le costó que Del Cerro Grande le aplicase esta norma. Si esto hubiese sucedido dentro del área, su trampa hubiese sido sancionada con penalti.

Las faltas directas tienen en común la necesidad de contacto con otra persona, pero con excepciones. Por un lado, las lógicas, como las manos, la mencionada interferencia de un sustituto, sustituido o miembro del equipo técnico o los lanzamientos de objetos. A estas hay que sumarles las tres en las que el texto añade la coletilla de "o intentarlo": zancadillear, dar una patada y golpear. Esto es muy raro verlo, porque los jugadores de fútbol no tienen la habilidad de un boxeador para esquivar un puñetazo, pero en ese caso, la sanción sería igualmente falta directa. Alguna vez más se sanciona el intento de zancadilla.

Vídeo 12.4 Ejemplo de intentar zancadillear

Imaginemos al jugador que va claramente a derribar al delantero y este consigue esquivarlo pero pierde el equilibrio en el salto, como sucedió en el polémico partido de la temporada pasada de la liga mexicana entre Chivas y Puebla.

Imprudente, temeraria, con fuerza excesiva

¿Es falta empujar a un adversario? ¿Y zancadillearlo? Un consejo por si algún día hacéis un examen de Reglas: nunca respondáis lo obvio. Los árbitros son retorcidos y los que los examinan, mucho más. En este caso, la norma se vuelve a cumplir. Según las Reglas, la respuesta a estas dos preguntas es a veces sí y a veces no.

Como dijimos antes, para que una de las siete primeras acciones sancionables con tiro libre directo sea punible, hace falta que cumpla un requisito adicional: que sea cometida de forma "imprudente", "temeraria" o "con uso de fuerza excesiva". A cualquier aficionado que lea las Reglas le dejarán estupefacto estas tres expresiones que parecen más propias de una multa de tráfico que de un partido de fútbol. Las Reglas definen que es cada cosa.

- "Imprudente" significa que un jugador muestra falta de atención o de consideración o actúa sin precaución al disputar un balón a un adversario. No será necesaria una sanción disciplinaria.

- "Temeraria" significa que un jugador realiza una acción sin tener en cuenta el riesgo o las consecuencias para su adversario, y deberá ser amonestado.

- "Con uso de fuerza excesiva" significa que el jugador se excede en la fuerza empleada, pone en peligro la integridad física del adversario, y deberá ser expulsado.

Arbi, ¿qué pitas?

Vistas las definiciones, posiblemente nos quedemos como estamos. Casi es preferible el símil del coche. Imprudente es no guardar distancia de seguridad, temerario es ir borracho y con uso de fuerza excesiva es ser un kamikaze. Parece que así queda más clara la idea.

¿Cuándo no es falta empujar a un adversario? Cuando el jugador lo hace de una forma no imprudente, no temeraria y sin fuerza excesiva. ¿Es posible eso? En el caso de una carga, o de un empujón, sí. Por eso, el fútbol es un deporte de contacto. Es en este párrafo donde se manifiesta de forma más o menos expresa. No todo choque es falta, es necesario algo más para detener el juego. Claro que si nos vamos a golpear o a dar una patada, resulta muy complicado pensar cómo se puede hacer de una forma que ni siquiera resulte imprudente, pero, al menos teóricamente, existiría esa posibilidad de que no hubiese sanción por ello.

Otra cuestión importante es la "intencionalidad". Durante muchos años, era un requisito imprescindible: todo aquello hecho "sin querer" no era falta. Lo explicaba muy bien el reglamento de Escartín.

La misión del árbitro en el terreno de juego es sancionar actos de mala fe, infracciones reglamentarias sobre cuyo propósito de cometerlas no exista la menor duda. Seguir otro camino, dar solos de silbato, destruir la belleza del juego sin necesidad, es marchar contra el espíritu y letra de las Reglas, aburrir al espectador, aniquilar en fútbol todo cuanto hay en él de viril, convirtiendo a los jugadores en hombres de porcelana a quienes no es posible tropezar. Eso no es arbitrar.

Esto ha cambiado. Exceptuando la mano, por definición, y el escupir o lanzar objetos, por lógica, ninguna de las faltas directas tiene que ser voluntaria. Muchas veces es un factor a la hora de considerar la sanción disciplinaria, pero un jugador puede ser sancionado con falta (y de hecho, a menudo sucede), sin querer hacerla. Pensemos en una entrada donde busca balón y acaba derribando al adversario. O al portero que en un mano a mano no llega por centímetros y arrolla al delantero. Incluso en un defensa que persigue al atacante que lleva el balón, tropieza y lo derriba. No es intencionado, pero es imprudente y, por lo tanto, falta.

Hubo una época en el fútbol en la que tocar la pelota justificaba cualquier tipo de acción, por muy criminal que fuese. Aún perdura esa historia, que como buena leyenda tiene algo de cierto. Si un jugador, de una forma "normal" (no imprudente, no temeraria, sin uso de fuerza excesiva), hace una entrada y toca el balón antes que al adversario, el árbitro dejará seguir el juego. En cambio, si toca antes al jugador, salvo que el contacto sea muy leve, la falta debe sancionarse. Incluso, tocar el balón antes que al rival no evita una expulsión, aunque en el campo estas

Vídeo 12.5 "¡Árbitro, que toqué balón!"

acciones sean más difíciles de apreciar por la tendencia que también contamina a los árbitros de indultar al jugador que llega a tocar la pelota.

"Arbi, ¡que toqué balón!". La portada de la primera edición de *Arbi, ¿qué pitas?*

El lío de las manos

No hay jornada en la que no haya un debate sobre una mano y semana tras semana se escuchan las mismas historias para justificar si debía ser pitada o no. Que si corta pase, que si se queda solo delante del portero, que si la tiene pegada o despegada. Demasiada polémica y demasiada palabrería para la acción más fácil de las Reglas: una mano solo se sanciona si es "deliberada". Punto y final.

Vídeo 12.6 Gol de Neymar con la mano en la final de Champions

Entonces, ¿puede ser válido un gol marcado con la mano? Pues sí. De saque de banda no, como veremos más adelante, pero hay tres casos en los que sería posible: si lo marca el portero desde su área con la ayuda de un brazo portentoso, si se marca en propia meta o si es de forma involuntaria. Lo primero no lo hemos visto nunca y los otros dos casos suceden de vez en cuando. Quizá el gol más famoso con mano involuntaria se pudo conceder en la final de Champions entre Barcelona y Juventus, pero el asistente de área optó por interpretar la acción de Neymar como voluntaria, algo bastante dudoso.

La teoría, pues, es muy sencilla. Si es voluntaria, es falta. Si no es voluntaria, nunca. Eso exige a los árbitros una capacidad sobrenatural. No llega con distinguir si el balón toca en el pecho o en el hombro del jugador, partes "legales", o bien lo hace en la mano, brazo o antebrazo, partes susceptibles de ser "ilegales". Las Reglas les obligan a ir más allá y meterse en la mente del jugador para deducir si le quiso dar o fue un accidente. Para ello, ayudan con unos puntos que se deben tener en cuenta para valorar estas acciones:

- el movimiento de la mano hacia el balón (no del balón hacia la mano);

- la distancia entre el adversario y el balón (balón que llega de forma inesperada);

- la posición de la mano no presupone necesariamente una infracción.

Más clara parece la definición de tipos de manos voluntarias que hace Rodríguez Ten en su Reglamento Práctico de Fútbol de 2002:

- Manos de intención evidente. El jugador que directamente se lanza con su mano para detener o jugar el balón.

- Manos de intención imprudente. Aquel jugador que salta de forma predispuesta con los brazos abiertos o por encima de la cabeza, siendo consciente de que es posible un contacto del balón y asumiendo ese riesgo.

- Manos de intención indirecta. Por ejemplo, mover los brazos con el balón cerca para tapar un tiro o un pase a un adversario.

En el campo, sigue siendo muy difícil de juzgar. Una mano despegada suele indicar voluntariedad, porque busca tapar un espacio, pero imaginemos a un jugador que frena y equilibra el cuerpo con el brazo. Quizá su posición natural del brazo sea alejada del cuerpo. Las manos en las barreras cuando sobresale el codo son ilegales, ya que el jugador busca algo más que protegerse. Una mano en el suelo suele ser involuntaria, pero si recordamos la de Piqué en un penalti en un Real Madrid-Barcelona veremos que de accidental tuvo poco. Lo mismo que cuando el balón viene de un rebote a corta distancia, desde el propio cuerpo del jugador o desde otro cercano sin que le dé tiempo a retirar la mano. Normalmente no es punible, pero al final, el debate es ver si la mano estaba ahí por casualidad o porque buscaba algo más.

En los últimos años, se intentaron simplificar una vez más los criterios para armonizarlos. Se introdujeron los conceptos de "invasión" y "evasión". Si la mano invade el espacio por el que iba a pasar el balón, será sancionada. En cambio, si hay un gesto claro de retirarla, será considerada involuntaria. Para terminar de aclarar o liar el tema, la temporada pasada, el CTA indicó que cualquier acción que venga de rebote en el propio cuerpo no sería sancionada, aunque después matizó que si la mano estaba previamente en una posición claramente antinatural, debía ser castigada como voluntaria.

Al final, la complicación es máxima desde el momento que además del contacto hay que valorar la intencionalidad. El árbitro de vídeo hubiese evitado el gol de Maradona o el de Henry que clasificó a Francia para el Mundial 2010, pero la controversia sobre otras jugadas seguiría sin solución. Para las manos, las imágenes no son suficientes. Quien sabe si después del VAR, llegará una máquina capaz de meterse en el cerebro del futbolista para saber que ha querido hacer con ese brazo ligeramente despegado de su cuerpo.

Los tiros libres indirectos

Como si de faltas menores se tratase, las Reglas reservan un castigo más leve para infracciones en las que no hay contacto. Si en el centro del campo esto apenas tiene importancia, en el área es fundamental una correcta distinción, ya que ninguna de estas acciones será sancionada con penalti. El árbitro señalará que la falta es indirecta levantando su brazo y deberá mantener el gesto hasta que el balón salga del terreno de juego o sea tocado por otro jugador, es decir, el momento en el que el gol pasa a ser válido.

Las faltas indirectas son nueve, de las cuales cuatro solo pueden ser por acciones del guardameta. Empezamos la explicación por las otras cinco, las que pueden ser cometidas por cualquier jugador:

- jugar de forma peligrosa;

- obstaculizar el movimiento de un adversario sin que exista un contacto físico;

- actuar mostrando desaprobación, utilizando lenguaje ofensivo, insultante o humillante y/o gestos u otras infracciones verbales;

- impedir que el guardameta lance el balón con las manos o patear o intentar patear el balón cuando el guardameta está en el proceso de lanzar el balón con las manos;

- cometer cualquier otra infracción que no haya sido mencionada en las Reglas de Juego, por la cual el juego sea detenido para amonestar o expulsar a un jugador.

Jugar de forma peligrosa

Todo el mundo reconoce esta acción como "levantar el pie a la altura de la cabeza" o "entrar en plancha". Sin embargo, la definición en las Reglas de lo que es infracción es bastante más imprecisa y no establece ni una distancia de referencia para poder disputar el balón con la pierna ni tampoco prohíbe expresamente entrar con la planta del pie. Como casi todo, queda a criterio del árbitro decidir si la acción es peligrosa o no. Para que esta acción sea indirecta es clave que no haya contacto; si un jugador, por muy involuntaria que sea su acción, levanta el pie de forma peligrosa y acaba dándole a un adversario, la falta se convierte en directa.

Más desconocida es la coletilla reglamentaria de que también es infracción ponerse en peligro a sí mismo. Rara vez se pita y se basa en una visión un tanto utópica del juego: si un jugador baja mucho la cabeza delante de un rival, le está impidiendo jugar el balón porque renunciará a hacerlo por miedo a lesionarlo. En el argot arbitral se llama "juego peligroso pasivo", un término que no figura en las Reglas. Es de esas rarezas que cuando se pitan, cumpliendo la norma, generan más desconcierto que otra cosa. Como ejemplo, la acción que dio lugar a un gol del Atlético frente al Sevilla, cuando Gil Manzano sancionó a Rami por disputar un balón con la cabeza desde el suelo. Las cámaras de El Día Después captaron a los jugadores comentando sorprendidos la decisión. "¿Qué ha pitado, es la primera vez que lo veo? ¡Dice que es peligroso!", fue lo que se escuchó en el vestuario.

Vídeo 12.7 Juego peligroso pasivo en el Sevilla-Atlético

Las Reglas dejan abierta también la extraña posibilidad de que haya juego peligroso sobre un compañero de equipo, ya que hablan de "una persona" como posible víctima, cuando anteriormente concretaban la infracción en "un adversario". En la práctica, a ningún árbitro se le ha ocurrido sancionar tal cosa.

Obstaculizar el avance sin contacto

Es otra de las faltas casi inexistentes en el juego pero que genera confusión por la cantidad de veces que hemos escuchado eso de que el árbitro pitó obstrucción, palabra que no existe en las Reglas. Lo que sí vemos con frecuencia es al defensa flojo de cadera que busca el choque con el delantero que le acaba de sacar los colores, pero esa infracción es de contacto y, por lo tanto, directa. De hecho, para dejarlo más claro, en 2016 se incorporó "obstaculizar con contacto" como tiro libre directo. No es que antes no lo fuese, pero se consideraba englobada dentro de empujar o cargar, o incluso sujetar si era con los brazos.

Así pues, lo de obstrucción como indirecto es uno de los muchos mitos de las Reglas, al menos en la práctica. Sin embargo, en la teoría, esta acción sigue apareciendo y con una definición bastante compleja para algo que nunca se pita.

¿Cuándo se cometería esta infracción? Según las Reglas, cuando un defensa se interpone entre el adversario y el balón, sin ánimo de jugarlo, pero sin que haya contacto, solo con el objetivo de "obstruir, bloquear, ralentizar o forzar a cambiar de dirección". Es decir, el jugador se cruza en la carrera del rival, sin opción de llegar al balón, buscando que cambie su trayectoria y pierda un segundo esquivándolo. La jugada más típica es cuando lo hace el central en un balón largo para permitir que el guardameta llegue cómodamente a la pelota.

En el fútbol moderno ha cobrado especial importancia el "bloqueo", ese concepto copiado del baloncesto. Las jugadas de estrategia a balón parado son cada vez más sofisticadas y ya no se limitan a mandar el córner al primer palo o al segundo, sino que buscan inutilizar a los defensas para que el rematador lo haga a placer. Hay varios tipos, aunque un entrenador quizá lo explicase mucho mejor. Estar quieto, incluso delante del portero, es legal. El jugador tiene su espacio y si a alguien le estorba, que lo rodee. Luego está el otro extremo, donde se le llama "bloqueo" a lo que directamente es un empujón o un abrazo al defensa y por lo tanto, falta directa. Entre ambas situaciones está el bloqueo más sutil, que significa que en cuanto se pone en juego el balón, un atacante da dos pasos con el único objetivo de ponerse delante del zaguero cuyo objetivo sería despejar y se ve obstaculizado. Esto, técnicamente, entra dentro de este apartado y sería indirecto. Con quince futbolistas en el área, es imposible que el árbitro lo perciba. Es más, hasta es posible que acabe pitando penalti si el defensa, desesperado, derriba el estorbo que se le ha puesto en medio, aunque lo cierto es que tampoco es muy probable que eso suceda.

La clave de estas acciones es la distancia al balón. Si el jugador lo tiene en posesión o cerca, puede protegerlo, imagen que se ve sobre todo cerca del córner en el tiempo añadido, aunque ese jugador puede ser cargado "de forma justa", en palabras del reglamento. Eso sí, sin brazos, ni codos, ni empujando cuando el adversario intente sobrepasarlo.

Las infracciones verbales
Protestar al árbitro o insultar a un adversario siempre ha sido tiro libre indirecto. Hasta 2017 quedaban englobadas dentro de las infracciones que más adelante calificaremos como "es indirecto todo lo que no es directo". Sin embargo, la IFAB las incluye ya por separado,

posiblemente para evitar la confusión generada el año anterior cuando se escribió en las Reglas que cualquier infracción contra un miembro del equipo arbitral era falta directa. Tal y como estaba redactada la norma, daba la sensación que una protesta podría ser tiro libre directo o incluso penalti si era dentro del área, algo que tuvo que aclararse en una circular para reservar ese castigo solo a las acciones de contacto. Ahora ya no hay duda.

Si el árbitro detiene el juego para sancionar esta infracción porque no hay ventaja, reanudará con tiro libre indirecto donde está el jugador. Hay muchos porteros acostumbrados a reclamarlo todo, aprovechando que el árbitro está lejos y no los escucha, pero si son pillados, además de la amonestación o expulsión, tendrán un situación muy comprometida con la falta cerca de su portería.

Impedir el saque del guardameta

La final de Copa de 2000 entre el Espanyol y el Atlético de Madrid aún es recordada por el gol de Tamudo a Toni. El delantero demostró su picardía al cabecear el balón mientras el guardameta rival lo estaba botando y abrió el camino del título para su equipo. De este recuerdo vienen muchas interpretaciones erróneas.

Vídeo 12.8 El gol de Tamudo

Y es que hoy en día, el gol de Tamudo hubiese sido anulado. Poco tiempo después de esta jugada, las Reglas detallaron que al portero no se le podía disputar el balón mientras lo tuviese en posesión y definieron que la posesión incluía todo esto:

- tener el balón en las manos o entre la mano y una superficie (p. ej. el suelo, su propio cuerpo) o tocarlo con cualquier parte de las manos o los brazos, excepto si el balón rebota accidentalmente en él, por ejemplo, después de haber efectuado una "salvada";

- tener el balón en la mano abierta y extendida;

- botar el balón en el suelo o lanzarlo al aire.

Esta definición tan extensa de posesión destierra algunos mitos. No se le puede quitar el balón al portero aunque lo tenga solo cogido con una mano ni tampoco cuando lo esté botando (¡qué manía tan extraña!) o soltándolo para patearlo. Ni siquiera aunque cuando lo suelte lo haga en la frontal del área y el delantero que lo molesta esté fuera. Sí que se le puede disputar cuando lo juega con el pie o se le escapa el balón después de una parada.

Más subjetivo es el debate de cuándo es tarjeta esta acción. En la práctica, los árbitros suelen sacarla casi siempre aunque las Reglas no obligan a hacerlo, ya que en ninguna parte está escrito que impedir el saque sea igual a amonestación. Sin embargo, se entiende que el delantero incurre en supuestos de conducta antideportiva, como "mostrar una falta de respeto por el juego" o incluso "evitar un ataque prometedor", si es un contragolpe muy claro.

Pese a este castigo, los jugadores aficionados y profesionales lo siguen intentando. De forma increíble, se concedió un gol a Eto'o en la Premier a lo Tamudo hace cuatro años. Esa suerte la buscó Ronaldinho en varias ocasiones, pero no coló. Incluso en una de ellas fue sancionado de forma muy discutible porque una simple genialidad en forma de amago le valió para que el portero se pusiese nervioso y perdiese el balón. Neymar se llevó una tarjeta en el último minuto de aquel partido de Anoeta que siempre se cita como el inicio del mejor Barça de Luis Enrique y El Mundo Deportivo hizo antología del disparate diciendo que el gol era "en teoría, legal". Como no podía ser de otra forma, hay jugadas claras, pero otras quedan a interpretación del árbitro, de esas que vistas cien veces cada uno tiene su respetable opinión. La más complicada para emitir veredicto que hemos visto es la de un partido de Segunda B, entre La Hoya-Lorca y Mérida, donde unos defienden su legalidad porque el delantero deja distancia suficiente y otros ven en su carrera y en su salto una clara intención de molestar al guardameta. También estuvo en el límite el gol de Benzema en la final de

Vídeo 12.9 Gol ilegal de Eto'o

Vídeo 12.10 Amago de Ronaldinho

la Champions, aunque la torpeza del meta Karius ayudó a ocultar el debate sobre si el atacante impide el saque o simplemente corta un pase. La mayoría de los expertos arbitrales se decantaron por la legalidad del gol.

Vídeo 12.11 Tarjeta a Neymar en Anoeta

Vídeo 12.12 Gol dudoso del Lorca

Para terminar esta colección de jugadas, hay que citar a los porteros que se la juegan en busca de la tarjeta para el rival y son ellos los que van a por el delantero. De esa manera, el guardameta del Valladolid, Diego Mariño, consiguió la expulsión del céltico Charles, pero el ex del Manchester United, Roy Carroll, acabó regalando un gol en un intento similar. Un riesgo innecesario porque, además de la opción del árbitro de dejar seguir el juego, también es posible considerarlo como golpear a un adversario, por darle un pelotazo sin venir a cuento y puede ser sancionado incluso con penalti.

Vídeo 12.13 Expulsión de Charles por impedir el saque

Vídeo 12.14 Portero del Manchester regala un gol

Todo lo que no es directo, es indirecto
A la hora de completar las faltas indirectas, las Reglas añaden que se cometa "cualquier otra infracción que no haya sido mencionada

en las Reglas de Juego, por la cual el juego sea detenido para amonestar o expulsar a un jugador". Esto quiere decir que si con el balón en juego se comete una incorrección, el árbitro detiene el juego para castigarla y no está dentro de las directas, señalará indirecto.

Hay varios ejemplos frecuentes, como un jugador que se encara con otro sin llegar a tocarle o un jugador que simula ser objeto de falta. Después los hay más extraños, como el truco para burlar la norma de la cesión, del que hablaremos en el siguiente apartado, o los que veremos dentro de los motivos de amonestación por conducta antideportiva.

Los indirectos del portero

Entre las faltas indirectas hay varias que solo pueden ser cometidas por el guardameta. Ninguna de ellas conlleva amonestación o expulsión, ni aunque impidan ocasión de gol, como por ejemplo, evitar con las manos que el balón entre en su portería después de que un defensa se lo hubiese pasado.

La cesión

Fue una norma que nació a raíz del Mundial de Italia 90, cuando la FIFA se planteó medidas para hacer el juego más dinámico. Supuso una pequeña revolución en el fútbol ya que obligó a los porteros a aprender a jugar con el pie, una cualidad que por aquel entonces era considerada como prescindible. Aunque 25 años después casi nadie discute que fue beneficiosa para el fútbol, al inicio tuvo muchos detractores, principalmente los propios guardametas.

Enlace 12.15 Los porteros claman contra la cesión

"Somos porteros, no jugadores", protestó Sempere, portero del Valencia, en un artículo de El País. Zubizarreta, el meta de la selección española, decía que "limitaba" al portero. "En el Barça utilizamos el pase como arma ofensiva, no para perder el tiempo. Es una forma de iniciar jugada". Ochotorena, del Tenerife, auguraba "más patadón", ya que el defensa preferiría "pincharla" antes que jugársela pasándole el balón a un portero torpe con los pies.

La IFAB no dio un paso atrás, sino adelante. En 1997 extendió la prohibición al saque de banda. A los porteros no les ha quedado más remedio que adaptarse y en el fútbol actual su habilidad técnica es tan importante como su agilidad o su seguridad en las salidas. Ter Stegen batió todos los récords en un partido frente al Athletic, a principios de la temporada 16/17, al intentar 62 pases (más que cualquier jugador rival), con la notable eficacia de que solo 11 fueron malos.

Es una infracción tan conocida que apenas se sanciona, ya que en caso de duda el guardameta no se arriesga y evita tocar el balón con la mano. Sin embargo, además de la imprescindible voluntariedad del defensa, la cesión para ser sancionada tiene que ser realizada con el pie (lo que incluye el tobillo) o de saque de banda. Está permitido el pase con la cabeza, el pecho, el muslo, la rodilla e incluso la espinilla, algo que muchos desconocen.

Las Reglas también recogen la posibilidad de que el defensa intente trampear la norma, empleando un truco como podría ser levantarse el balón con el pie. En ese caso, es el defensa el que ya comete la infracción porque esta acción está tipificada como conducta antideportiva. Como la incorrección la comete el jugador, es indiferente que el portero la coja después con la mano o no. La falta ya se ha cometido y el indirecto se lanzará donde estaba el defensa, que además será amonestado. Este tipo de "genialidades" se les ocurren a los futbolistas de vez en cuando y su posterior cara de sorpresa delata su ignorancia. En la temporada 2016-2017, lo hizo Verrati, del PSG, llevándose el correspondiente castigo. Más surrealista fue el acuerdo que tomaron los jugadores de un partido en Brasil, que como no entendían lo que había pitado el árbitro decidieron devolver el balón echándolo a saque de banda.

Vídeo 12.16 El truco de Verrati

Vídeo 12.17 El truco de Brasil

El "doble control"

Este término no aparece en las Reglas, pero lo explica casi mejor. La definición oficial es menos clara y dice que se señalará indirecto si el portero "toca el balón con las manos después de que lo haya lanzado y sin que otro jugador lo haya tocado".

Vídeo 12.18 Doble control en el Portugalete-Amorebieta

Esa traducción de "lanzado" es un tanto confusa, porque da la sensación de que el portero ha tenido que alejar el balón y después cogerlo, algo que aunque parezca increíble sí que se ha dado en partidos de mucho viento, como uno de Segunda B entre Portugalete y Amorebieta. Sin embargo, aunque esté bien pitado, el objetivo es evitar que el guardameta burle la norma de los seis segundos echando el balón al suelo y volviéndolo a coger.

Se tiende a pensar que solo es falta si el portero sujeta el balón en primera instancia, reteniéndolo en las manos, pero no hace falta tanto. El simple hecho de que lo controle de forma voluntaria es suficiente para que no lo pueda volver a coger, por ejemplo, si palmea un balón fácil. Se exceptúa la parada en dos tiempos, es decir, cuando el primer control fue lo que las Reglas definen como una "salvada". También se permite botar el balón y volverlo a coger. Insistimos en la apreciación... ¿para qué tiene que botar el balón el portero?

Vídeo 12.19 Doble control en Honduras

Nos encontramos entonces con otra acción en la que la interpretación del árbitro juega un papel fundamental. Ayuda que los porteros que saben la norma no se la juegan y controlan el balón con el pecho o la pierna cuando les interesa enfriar el partido y forzar la presión del delantero. Los árbitros, además, suelen darles el beneficio de la duda y considerar parada en dos tiempos lo que puede ser perfectamente un "doble control". Es una infracción que se produce poco y se sanciona menos, aunque a veces se encuentra algún ejemplo por casualidad, como una acción de Honduras, en la que la sorpresa generada porque el asistente marcase penalti y expulsión por unos cariñosos cachetes en el culo esconde un flagrante indirecto del portero por incumplir esta norma (por cierto, tal fue el lío que el equipo abandonó el terreno de juego).

Para terminar, dos jugadas de las "grises". Una de ellas sucedió en Brasil y demuestra lo fina que es la línea entre la "salvada" y el "control". La otra sucedió en la Segunda División española, en un partido entre Tenerife y Sabadell, cuando al portero se le escurrió el balón que tenía sujeto en las manos. El árbitro señaló indirecto, algo que con las Reglas en la mano es indiscutible, aunque quizá el espíritu de la norma también convirtiese en correcto dejar seguir el juego.

Vídeo 12.20 Jugada dudosa de doble control en Brasil

Vídeo 12.21 Jugada dudosa de doble control en el Tenerife-Sabadell

Los seis segundos

Es curioso. Es una norma no sujeta a interpretación, objetiva y cuya aplicación incluso podría hacerla un robot, algo inusual en las Reglas. Sin embargo, algo que no queda a criterio del árbitro... ¡no se sanciona nunca!. La costumbre ha superado a la ley, como en los adelantamientos del portero en los penaltis.

Antiguamente, la Regla 12 era mucho más genérica y hablaba de "perder tiempo", lo que sometía el castigo a la interpretación del árbitro. Con la intención de agilizar el juego, en el año 2000 se delimitó de forma exacta el tiempo que el portero podía tener el balón en las manos: no más de seis segundos. Si ponemos el cronómetro, vemos que incluso en los primeros minutos de partido, ya por sistema, se alcanzan los diez.

Se ha llegado a un punto en el que el conflicto surge cuando a alguien se le ocurre sancionarla, por aquello de "no se pita nunca". Y un aviso: pocas cosas le sientan peor a un árbitro que un jugador le haga la cuenta de los segundos. Es posible que no llegue al "cuatro" sin llevarse una tarjeta por esta "ayuda" no solicitada.

Las medidas disciplinarias

Cuando hablamos de sanciones disciplinarias, nos referimos a amonestaciones y expulsiones. Como tales, las Reglas solo tipifican este castigo para jugadores, sustitutos y sustituidos. Para los oficiales se utiliza una "expulsión" un poco distinta, descrita en la Regla 5, cuando señala que el árbitro "tomará medidas contra los miembros del cuerpo técnico de los equipos que no actúen de forma responsable y podrá expulsarlos del terreno de juego y sus alrededores". Es por eso que a entrenadores, delegados, encargados de material y demás nunca se les enseña tarjeta, sino que se actúa contra ellos de palabra desde 2001. El único que podría seguir actuando sería el médico, si no hay otro disponible en su equipo, para intervenir en el caso de que un jugador precise asistencia.

Cuando se cambió la norma hubo opiniones para todos los gustos. Unos pensaban que el breve diálogo de decirle a un técnico que estaba expulsado se podía simplificar con la tarjeta roja. De hecho, la FIFA está estudiando el retorno a este método tradicional de echar a los miembros del cuerpo técnico y la federación inglesa lo aplicará esta temporada de forma experimental en todas las categorías menos en la Premier, permitiendo además que les muestren la amarilla como si de un jugador se tratase. Curiosamente, en las competiciones regionales de Galicia jamás se abandonó este sistema, contradictorio con las Reglas de Juego. En el resto de España también pueden ser amonestados, aunque de palabra, pero lo más habitual es que cuando se pasen de la raya se vayan para los vestuarios de forma directa.

En 2017, la IFAB aprobó que se pudiesen aplicar exclusiones temporales en competiciones de fútbol base, amateur, veterano y de jugadores discapacitados. El objetivo es, según el texto, que "un castigo instantáneo puede ejercer una influencia positiva significativa e inmediata en el comportamiento del jugador infractor y posiblemente también en su equipo". Las Reglas ya dan unas pautas de cómo debería regularse este protocolo:

- Solo se pueden aplicar a jugadores, nunca a oficiales, sustitutos o sustituidos, y solo en casos de motivos tipificados en las Reglas como amonestación.

- La duración debe estar comprendida entre el diez y el quince por ciento del tiempo de partido. Es decir, en noventa minutos, debería ser entre nueve y trece minutos y medio. A este período hay que sumarle una especie de añadido, si ha habido interrupciones como lesiones o sustituciones. El tiempo de descanso no computa.

- Se debe elegir uno de los sistemas propuestos. En el sistema A, la exclusión temporal se aplica a todas las jugadas de amonestación, es decir, la amarilla siempre irá acompañada de un período de inferioridad numérica. Una segunda exclusión temporal del mismo jugador significará su expulsión, pero el equipo podrá sustituir a este futbolista después de que concluya ese tiempo de castigo. En el sistema B, habría que dividir los motivos tradicionales de amonestación en dos grupos: en unos se mostraría tarjeta y en otros se excluiría al infractor. Una tarjeta y una exclusión no conllevarían expulsión. Dos exclusiones temporales llevarían a que el infractor no volviese a participar en el partido, pero podría ser sustituido. Dos amarillas provocarían la expulsión tradicional, sin derecho a sustitución, así como la suma de dos exclusiones temporales y una amarilla.

No nos consta que en España se vaya a implementar este sistema también llamado *sin-bins* (bancos de castigo). La federación inglesa, en cambio, lo ha aplicado de forma experimental en algunos campeonatos inferiores, aunque solo para el motivo de "desaprobar con palabras o acciones". El jugador es excluido 10 minutos en vez de recibir la tarjeta amarilla. Los resultados son alentadores. Según los organizadores, se redujeron las protestas un 38 % porque los jugadores "se hacen más responsables de lo que hacen". "Si mi equipo está con uno menos durante un tiempo por haberle protestado al árbitro, mis compañeros serán los primeros en recriminarme. Este pensamiento elimina muchas de estas conductas", concluyen los impulsores de la idea.

La historia de las tarjetas

Muchos creen que las tarjetas nacieron con el fútbol, pero son uno de sus inventos más recientes. El primer Mundial en el que se utilizaron fue en 1970 y con un pequeño fracaso: no se mostró ninguna roja. Es por eso que ni Zarra, ni Di Stéfano, ni Zamora vieron una tarjeta en su carrera como jugadores, algo de lo que ni Valerón puede presumir.

En poco tiempo se convirtieron en algo universal, un código reconocido en cualquier lugar del planeta por futboleros y no futboleros. Algo tan sencillo y genial tiene padre, un ilustre árbitro inglés llamado Ken Aston. Su brillante trayectoria, que incluye la final de la primera Eurocopa de la historia (1960), queda eclipsada por su invento. "Si lo hubiese registrado, sería millonario", suspiraba años después. Y eso que no fue su única innovación. También tuvo la ocurrencia de crear el cartel para las sustituciones, que se introdujo en 1974, el árbitro de reserva por si había lesión del principal y las banderas de colores vivos para los asistentes. Casi nada.

¿Cómo se hacía antes? Pues de palabra, con una señal e incluso acompañando al jugador hacia fuera del campo, como hizo el propio Aston en el Mundial de 1962, en el partido más violento de la historia de los Mundiales: la batalla de Santiago entre Chile e Italia. En 1966, ya como instructor arbitral de la FIFA, presenció un partido complicadísimo entre Inglaterra y Argentina. Ese día tuvo que mediar para que el argentino Rattin abandonase el terreno de juego, tras haber solicitado un traductor porque no quería entender la señal del colegiado. Llovieron latas de cerveza de una afición enfurecida con el futbolista, que no tuvo mejor ocurrencia que apretar una bandera inglesa y acabar viendo el partido desde la alfombra roja en honor a la reina.

En muchas informaciones se cita el incidente con el rebelde Rattin como el momento en el que Aston vio la necesidad de crear un símbolo que indicase a los jugadores el camino de vestuarios en vez del complicado diálogo. Sin embargo, según versión del propio Aston, la idea le vino al día siguiente del partido, cuando los hermanos Jack y Bobbie Charlton se enteraron por la prensa de que habían sido amonestados, algo de lo que no eran conscientes, y llamaron a la FIFA para confirmarlo. El inglés se puso manos a la obra para buscar una solución a este

Enlace 12.22 La batalla de Santiago de Chile

problema de comunicación y esta se le ocurrió mientras conducía desde el antiguo Wembley hacia Lancaster. A la altura de Kensington, detuvo su coche en un semáforo y se alumbró la idea: "Amarillo, puedes pasar; rojo, ¡alto, fuera del campo!". Solo faltaba materializar el invento y para ello contó con la ayuda de su mujer Hilda, que coloreó dos trozos de cartón y le sugirió que los árbitros podían llevar algo así en el bolsillo.

Así de sencillo... menos en España, que durante cinco años utilizó otro sistema para amonestar a los jugadores. El motivo no está muy claro, pero normalmente se culpa a que los directivos de la Federación vieron el Mundial de 1970 por televisión en blanco y negro, ya que la selección no estaba clasificada. En estas condiciones, confundieron los colores y cuando decidieron importar la idea, a comienzos del año siguiente, implantaron la tarjeta blanca en vez de la amarilla. Lejos de rectificar, insistieron en el error durante cinco años. No fue hasta 1976 cuando, por fin, los futbolistas españoles "disfrutaron" del invento de Aston en su versión original.

Los poderes del árbitro

Con los cambios en las Reglas, quedó perfectamente definido cuando el árbitro puede expulsar a un jugador y qué consecuencias tiene para el equipo. Podemos distinguir hasta siete momentos.

1. Desde que inspecciona el terreno de juego hasta que le entregan la lista de jugadores. La revisión del campo marca el comienzo de la autoridad del árbitro para tomar medidas disciplinarias. Si en este espacio de tiempo, un jugador comete una acción de expulsión (por ejemplo, le insulta), el árbitro no le dejará participar en el partido, pudiendo el equipo completar la lista con otros jugadores.

2. Una vez entregada la lista y hasta que comienza el partido. Imaginaos que el árbitro sale a calentar y en ese momento es cuando un jugador le insulta. O lo hace ya con todo preparado para empezar el partido, justo antes del saque inicial. En este caso, si se trata de un jugador titular, puede ser sustituido. No computa para el número de cambios y el equipo podrá jugar con once de inicio. En cambio, si el expulsado es un suplente, no puede completarse el número máximo con otro futbolista que esté en la grada.

3. Durante el tiempo de juego. El uso normal de las tarjetas. Incluso si un jugador se va lesionado después de habérsela ganado, tiene que verla antes de abandonar el campo. Aunque sea desde la camilla.

4. En el descanso. El árbitro puede tomar medidas disciplinarias y el jugador no puede ser sustituido si es expulsado. Si aún está en el terreno de juego, mostrará tarjeta. Si es el túnel de vestuarios, lo comunicará a los oficiales del equipo. A efectos de saber si un expulsado es titular, sustituto o sustituido en ese momento, recordad lo que vimos en la Regla 3: el cambio no se considera realizado hasta que el suplente entra por la línea de mediocampo antes del comienzo de la segunda parte. Es decir, que si el equipo anuncia en el túnel de vestuarios la entrada del dorsal n.º 12 en lugar del n.º 10 y en ese momento el n.º 10 le insulta, el expulsado es un jugador participante porque la sustitución aún no se ha consumado y el equipo jugará con uno menos.

5. Durante la tanda de penaltis. El árbitro sigue pudiendo mostrar tarjetas, pero lo que no rige es ya el número mínimo de jugadores, aunque ante una expulsión el otro equipo debe excluir a un futbolista para igualar el número de participantes, como veremos en la Regla 14. La Regla no pone límite, permitiendo el supuesto de que incluso se quede un jugador lanzando todos los penaltis después de que todo su equipo viese la tarjeta roja (esto creemos que nunca ha pasado).

6. Al finalizar el partido, sobre el terreno de juego. El árbitro debe mostrar la tarjeta ante cualquier incorrección que la merezca. Si es la segunda amarilla del jugador, verá la roja.

7. Al finalizar el partido y abandonado el terreno de juego. El árbitro ya no puede tomar ninguna medida disciplinaria y todo lo que suceda lo escribirá en el acta, pero en ningún caso podrá hablar de amonestación o expulsión.

Las amonestaciones

Las Reglas distinguen ocho motivos de amonestación para jugadores y solo seis para sustitutos y sustituidos. Tiene su lógica, ya que dos de esos ocho (infringir reiteradamente y no respetar la distancia) es imposible que los puedan cometer mientras están en el banquillo. Este año se incluyen las tarjetas "tecnológicas" (entrar en el área de revisión y hacer el gesto de la televisión), que explicaremos cuando hablemos del VAR. Vamos con el resto.

Los motivos de amonestación
1. Conducta antideportiva.
2. Desaprobar con palabras o acciones.
3. Retardar la reanudación del juego.
4. Entrar o volver a entrar en el terreno de juego, o bien abandonarlo, de manera deliberada y sin permiso del árbitro.
5. No respetar la distancia reglamentaria en un saque de esquina, tiro libre o saque de banda.
6. Infringir reiteradamente las Reglas de Juego.
7. Entrar en el área de revisión.
8. Repetir de manera insistente el gesto de la "revisión" (pantalla de televisión).

Conducta antideportiva

Hemos hablado ya en ocasiones de este término que incluye acciones de todo tipo, desde una zancadilla hasta encender un cigarrillo dentro del terreno de juego. Y es que para que entendamos cuando un jugador es amonestado por conducta antideportiva, lo podemos resumir de forma sencilla: cuando su acción no entra en ninguno de los siete motivos siguientes.

La Regla especifica las infracciones más comunes calificadas como conducta antideportiva, pero la lista podría ser mucho más amplia si quisiesen hacerla más precisa. De hecho, las menciona y añade un "entre ellas". Es decir, que cita solo las situaciones más comunes, que son las siguientes:

- Cometer una de las siete primeras infracciones de tiro libre directo de forma temeraria. Como ya explicamos cuando hablamos de las faltas directas, había tres grados de culpabilidad: imprudente, temeraria y con fuerza excesiva. El segundo de ellos merece la tarjeta amarilla. Es decir, si un jugador empuja a un adversario de forma temeraria, será amonestado por conducta antideportiva.

- Cometer una infracción o tocar el balón con la mano para interferir o detener un ataque prometedor, excepto cuando el árbitro concede penalti por una infracción que constituía una tentativa de jugar el balón. Esto, que parece tan simple, merece un capítulo aparte más adelante.

- Emplear un truco deliberado para pasar el balón a su guardameta (incluso mientras ejecuta un tiro libre) con la cabeza, el pecho, la rodilla, etc. a fin de burlar la Regla, independientemente de si el guardameta toca el balón con las manos o no. Esto lo comentamos ya cuando hablamos de la cesión al portero.

- Tocar el balón con la mano en un intento de marcar un gol (independientemente de que lo consiga o no) o en un intento de evitar un gol sin conseguirlo.

- Efectuar marcas no autorizadas en el terreno de juego. Lo comentamos en la Regla 1.

- Distraer de forma verbal a un adversario durante el juego o en una reanudación. Esto es muy interesante y también merece capítulo aparte.

- Intercambiar el puesto con el guardameta durante el juego o sin permiso del árbitro. Lo comentamos ya en la Regla 3. No hay que parar el juego, pero se muestra tarjeta a los dos implicados. Si lo hacen en el descanso, no se amonesta.

- Intentar engañar al árbitro, por ejemplo, al fingir una lesión o pretender haber sido objeto de una infracción (simulación).

- Jugar el balón cuando está saliendo del terreno de juego, después de haber recibido permiso para abandonarlo.

- Acciones de celebración de gol. También merecen capítulo aparte.

- Mostrar una falta de respeto por el juego. Aquí cabe casi todo, como explicaremos después.

Vamos entonces con las explicaciones más detalladas de las acciones de conducta antideportiva que merecen aclaración más precisa.

El ataque prometedor

Cuando hablábamos de las doce faltas directas, decíamos que las Reglas las dividen en dos grupos. Las siete primeras eran aquellas que merecían tarjeta siempre que fuesen cometidas de forma temeraria y dejábamos en suspense el castigo disciplinario de las otras cinco. Una de ellas es expulsión siempre (escupir o morder), otra es como mínimo amonestación (lanzamiento de objetos) y las otras tres (sujetar, mano y obstaculizar con contacto) lo son si con ello "evitan ataque prometedor". Un término reciente y que también resulta aplicable al resto de faltas directas. Es decir, una zancadilla también puede ser amonestación aunque no sea temeraria si evita avances de este tipo.

¿Qué había antes de este concepto? Uno parecido pero muy distinto a la vez. Las Reglas indicaban que era amonestación sujetar a un adversario si con ello "le impedía obtener el balón o colocarse en situación ventajosa" y tocar el balón con la mano de forma deliberada si "impedía que lo jugase un adversario". Dicho de otra forma, con las Reglas de 2016 se elevó el listón. Antes, un pase entre los defensas que era cortado por una mano del delantero ya era tarjeta, o un agarrón por la espalda a un jugador que avanzaba con el balón. Ahora no. Se necesita que haya un avance prometedor.

Ni que decir tiene que el concepto es ambiguo. Tanto, que la FIFA elaboró decenas de vídeos para que los árbitros pudiesen aplicarlo de forma uniforme. Básicamente, tienen que valorar aspectos como zona del campo, dirección del juego y número de atacantes y defensores. No es lo mismo un agarrón en el círculo central en un contragolpe cuando por delante hay un delantero y cinco defensas que si hay dos delanteros y dos defensas. No es lo mismo un empujón en banda cuando el jugador está a punto de entrar en el área que cuando hace un regate hacia afuera.

La modificación de la norma tenía su sentido. Muchas veces, se mostraban tarjetas "tontas" por la impotencia de un atacante que según perdía el balón sujetaba al defensa y los árbitros se veían en el compromiso de amonestar todas las manos que impidiesen un pase. Ahora, solo se sacan si el perjuicio táctico es evidente. Incluso, en las instrucciones dadas para los árbitros españoles, se incide en que para que haya ataque prometedor en una jugada cortada con la mano es necesario que o bien sea un tiro a portería o bien haya un receptor claro del pase, con lo que se descartan los centros al área donde defensas y delanteros pugnarían por un balón sin destinatario.

Sin embargo, la aplicación fue un tanto complicada. Antes, el jugador tenía asumido que echarle la mano al contrario que se iba era la tarjeta más clara del fútbol. Ahora, sabe que tiene posibilidad de salvarse, un recurso que explotaron sus entrenadores. Muchos equipos lo usaron como táctica para frenar inicios de contraataque o jugadas en los laterales, como arma de destrucción que en años anteriores les hubiese cargado de tarjetas. Al árbitro solo le quedaba el recurso de castigar la reiteración.

La FIFA tuvo que entrar a matizar su orden a mitad de aquella temporada y aclaró que los agarrones persistentes, esos que parecían más de rugby que de fútbol, fuesen sancionados siempre con tarjeta, no por impedir un avance, sino por la conducta antideportiva de "mostrar falta de respeto por el juego". Quizá en la misma línea pudo añadir esta interpretación a las manos más ostensibles, esas en las que el jugador directamente palmea un balón como si fuese baloncesto, pero de momento no lo hizo, como vemos a continuación.

Más lío con las manos

Al motivo ya visto de que una mano es amonestación cuando evita un ataque prometedor, se le suman dos más: cuando un jugador intenta marcar gol con la mano y cuando trata de impedirlo en su portería sin conseguirlo. Si lo impide y el árbitro señala tiro libre o penalti, obviamente, el castigo será la expulsión. No olvidemos nunca la premisa fundamental: la mano solo es infracción cuando es voluntaria. Si es involuntaria no es falta y mucho menos tarjeta.

Pocas acciones han ocasionado tantos problemas a los árbitros como los goles con la mano. En España, esta trampa sigue siendo celebrada como "pillería" y así nos va. El gol más recordado de Maradona fue la "mano de Dios", incluso más famoso que en el que se lleva a siete ingleses. Francia llegó a Sudáfrica después de otra mano, la de Henry contra Irlanda. Son acciones donde el árbitro duda de si le ha dado con el pecho o el brazo y donde incluso el asistente tiene mejor visión, aunque muchas veces le queda demasiado lejos.

Para evitar este tipo de situaciones sonrojantes, las Reglas buscaron castigar con tarjeta al futbolista que lo hacía, una norma que evitaba que esta tentación se convirtiese en algo frecuente. Sin embargo, y de forma inexplicable, en 2016 se dio un paso atrás y se pasó a considerar como amonestación solo el caso del remate a portería con la mano, como hizo Maradona. Es decir, el jugador que se coloca el balón para chutar, como Henry, ya no es amonestado. Afortunadamente, pocos jugadores saben esto, porque les saldría muy barato probar fortuna.

Resumiendo. Una mano involuntaria, nunca es falta. Si es voluntaria, sí. Lo normal es que no sea tarjeta. Es amarilla solo si evita ataque prometedor, remata a portería o trata de impedir un gol sin conseguirlo. Es roja si evita ocasión manifiesta de gol. Fijaos que el hecho de que sea más o menos ostensible, que trate de engañar al árbitro o que lo haga de forma escandalosa no condiciona la sanción disciplinaria.

Varios ejemplos de jugadas que provocan el enfado de quien no conoce las Reglas:

- El balón que va a salir de banda y al jugador se le va la cabeza y lo atrapa como si temiese que le hiciesen ir a buscarlo. Esa acción, la mano más voluntaria y clara posible, no es tarjeta, ya que no impide ataque prometedor.

- Una situación que sucede muchas más veces de las que se sanciona. El portero que corriendo con el balón en posesión se pasa de frenada y acaba soltándolo fuera del área. Es mano voluntaria y por lo tanto falta, pero no es amonestación.

- El jugador que se cae al suelo y agarra el balón con las manos reclamando la falta. Solo es tarjeta si el adversario que tiene al lado puede montar un ataque prometedor.

¿Es falta pedir el balón?

Dijimos que merecía capítulo aparte la amonestación por "distraer de forma verbal a un adversario". A los más veteranos os sonará esto como la expresión reglamentaria de uno de los clásicos preceptos del fútbol: "no se puede pedir el balón". La verdad es que después de revisar manuales antiguos, no hemos encontrado ninguno en el que esto estuviese escrito y, sin embargo, todo el mundo lo tenía tan asumido que se pitaba por costumbre.

Era curioso. Algo que no estaba escrito tenía sus normas de aplicación muy definidas. Nunca se amonestaba, solo se sancionaba con indirecto. Estaba prohibido decir "mía" o "deja", salvo que fueses el portero, al que, como siempre, se le permitía todo. Incluso al de regional, que cuando grita "mía" preludia que se va a comer el balón y al defensa que tiene al lado. Pedirle el balón al compañero por el nombre o con un aplauso sí que valía y en medio de la ambigüedad quedaban palabras como "vale". ¡Y nadie protestaba! Digno de un análisis sobre las fuentes del derecho.

Desde hace ya bastantes años, quedó claro que eso de "no se puede pedir el balón" forma parte de los mitos del fútbol. La infracción es distraer a un adversario, con mala fe, y siempre que se sancione debe ir acompañado de amonestación por conducta antideportiva. Entre los jugadores más imaginativos en esta faceta está Pinto, cuyos silbidos despistaron a los delanteros del Copenhague haciéndoles creer que se señalaba fuera de juego. El árbitro no se percató, pero la UEFA le sancionó con dos partidos. Tampoco cazaron a Javier Aguirre cuando lo hizo desde el banquillo del Espanyol, provocando una considerable tangana, aunque las cámaras lo delataron. Será que los de la elite tienen más suerte que los de Segunda B, porque a un jugador del Coruxo gallego sí que lo pilló el árbitro y encima, vio la segunda amarilla.

Vídeo 12.23 Aguirre silba desde el banquillo

Vídeo 12.24 Jugador del Coruxo pide el balón

Cómo celebrar un gol sin ser amonestado

Quizá sea uno de los problemas generados por la televisión. Hace cincuenta años, parecía imposible que las Reglas tuviesen que detallar cómo un jugador puede expresar su alegría al marcar un tanto. A día de hoy, la escenificación posterior es casi tan importante como el gol en sí. Cada año surgen actuaciones nuevas, algunas simpáticas y otras profundamente desafortunadas, como aquella de Fowler esnifando la línea de meta o Cavani disparando a la afición rival. Un jugador portugués celebró el gol enseñando el culo a la grada y otro en México ejecutando a un compañero, algo que no hizo precisamente gracia en un país donde la criminalidad es elevada. En España, tuvimos a Raúl mandando callar al Camp Nou y al barcelonista Giovanni dedicándole una triple peineta al Bernabéu.

Vídeo 12.25 Jugador enseña el culo al celebrar un gol

Vídeo 12.26 Jugador de México simula una ejecución

Sería imposible que las Reglas detallasen todo lo permitido, lo sancionable con amarilla o con roja. Queda a criterio del árbitro decidir si entran dentro de la conducta antideportiva o lenguaje ofensivo. Sin embargo, hay una serie de acciones que se especifican claramente como motivo de amonestación:

- trepar a las vallas perimetrales y/o acercarse a los espectadores de una manera que suscite problemas de seguridad (dedicado a Palermo, aquel delantero que sufrió una lesión de tibia y peroné al caerse el muro en el que celebraba el gol con los hinchas del Villarreal).

- gesticular o actuar de forma provocadora, irrisoria o exaltada. Queda, como siempre, a criterio del árbitro.

- cubrirse la cabeza o la cara con una máscara o artículos similares. Es la más desconocida por los jugadores, que meten la pata de forma frecuente y luego se extrañan. Un síntoma de hasta qué punto los futbolistas

Vídeo 12.27 Ideas de bombero

ignoran las Reglas y encima se enfadan cuando se las aplican, como los jugadores de Lanús que se llevaron su respectiva tarjeta por su "idea de bombero" de ponerse el casco o los Batman y Robin del Dortmund. La temporada pasada hubo mucha polémica por la decisión de no amonestar al valencianista Rodrigo por ponerse una peluca naranja en el partido frente al Barcelona. La instrucción impartida a los árbitros españoles es que no haya castigo cuando solo se cubra la parte superior de la cabeza, al no ocultar el rostro, aunque la literalidad de la Regla da a entender lo contrario.

Aubemeyang y Reus se disfrazan de Batman y Robin. Solo Batman llevó tarjeta, aunque bien pudieron ser sancionados ambos

- quitarse la camiseta o cubrirse la cabeza con ella. No se debe confundir esto con enseñar lemas o publicidad, que por sí solo no es tarjeta, como vimos en la Regla 4. Si un jugador se levanta la camiseta y muestra un mensaje, el árbitro solo debe hacerlo constar en acta. Es amonestación si se la quita, se tapa la cara, la pasa por encima del cuello aunque no llegue a sacarla del todo o incluso si se la saca y lleva por debajo otra similar, como hacía Rivaldo antes de que esto fuese castigado.

Mostrar falta de respeto por el juego

Esta es la esencia de la conducta antideportiva y, aunque sea simplemente un motivo más dentro de ella, es la que mejor la define. El fútbol tiene sus normas, su espíritu y sus valores de juego limpio. Aquel que los contravenga, debe ser amonestado.

Desde el punto de vista reglamentario, la IFAB incluyó este punto para meter aquí todo lo que se nos pueda ocurrir que contraviene ese *fair play* y merezca castigo, aunque claro, esto queda (¿lo adivináis?)... a criterio del árbitro. Como muestra de lo variadas que pueden ser nuestras interpretaciones, la jugada más comentada en siete años de Árbitro10 es una en la que un jugador sobre la línea de meta, sin portero, se agacha y marca el gol de cabeza a ras de suelo. Nunca pensamos que un árbitro, aunque sea un detalle muy feo, pudiese anular el gol. Para muchos de nuestros usuarios era un caso flagrante de conducta antideportiva que se debió solventar con indirecto y tarjeta.

Vídeo 12.28 Jugador se agacha para marcar de cabeza

Afortunadamente, la práctica y las interpretaciones oficiales nos dan casos donde todos estamos de acuerdo en que hay "falta de respeto por el juego". Son casos curiosos y divertidos, pero que alguna vez han sucedido:

- Encender un cigarrillo dentro del campo. Aparecía como caso clásico en los exámenes de árbitros de hace veinte años, ya que figuraba en las antiguas "Preguntas y Respuestas" oficiales de FIFA. A día de hoy, genera confusión en el caso de que el cigarrillo lo enciendan los entrenadores, aunque en el fútbol profesional ya casi ninguno lo hace, entre otras cosas porque la UEFA lo prohibió en sus competiciones en 2004. Curiosamente, en España no está prohibido y de hecho algún "formador" da un maravilloso ejemplo a sus niños echándose su pitillo en el banquillo.

Vídeo 12.29 La catapulta infernal, una trampa de dibujos animados

- Saltar sobre los compañeros de equipo. ¿Os acordáis de los gemelos Derrick? ¿O no tuvisteis infancia? Eran esos dos rivales de Oliver y Benji que inventaron la "catapulta infernal", esa en la que uno se colocaba boca arriba y el otro utilizaba la planta de los pies como lanzadera hacia el cielo para hacer un remate tan acrobático como

La manera más insólita de defender un córner

imparable. Pues vamos a romper vuestras ilusiones infantiles: esto es ilegal y merecedor de tarjeta. Aunque nadie en el fútbol real ha hecho algo parecido, sí que se puede dar que un jugador se apoye en los hombros de un compañero para saltar más. Si lo hace de forma evidente, es conducta antideportiva.

- Sujetarse en el larguero o poste. Muy parecida a la anterior, pero de esta sí que hay un ejemplo, en la Tercera División de Aragón, cuando un defensa desesperado defendió un saque de esquina colgado de la portería. No fue sancionado, pero podría haberlo sido.

Vídeo 12.30 Tarjeta a Neymar

Vídeo 12.31 Una bajada de pantalones para despistar

- Una más moderna. Borrar la marca del aerosol del árbitro. Lo hizo Neymar y se llevó tarjeta.

- Encararse o discutir con un adversario. Una de las clásicas del fútbol. Se monta la tangana, se dicen de todo, se empujan un poquito y el árbitro lo resuelve con una tarjeta para cada equipo. Aunque a buen seguro que hubo insultos que podrían llenar un diccionario, rara vez se expulsa (lo reglamentario) y se opta por lo práctico. En el acta, se resume diciendo que "discutieron", un eufemismo que hasta causa gracia. Aunque no hay nada escrito, el criterio para seleccionar a los dos elegidos cuando son veinte los infractores, es, por este orden, los que no tengan tarjeta, los que la empezaron y los que más se implicaron.

El portero que, lejos de sus dominios, se pega un sprint para llegar al lío, se la lleva siempre.

- Bajarse los pantalones en un tiro libre para despistar al portero. Otro ejemplo divertido que se le ocurrió a un jugador brasileño.

Desaprobar con palabras o acciones

A los árbitros se les acusa con frecuencia de ser poco dialogantes. Sin embargo, con la ley en la mano, lo son en exceso. Si nos vamos a la definición que hacen las Reglas de desaprobar, tenemos que consiste en un "desacuerdo público (manifestado mediante comunicación verbal y/o física) con la decisión tomada por un miembro del equipo arbitral; sancionable con una amonestación (tarjeta amarilla)", algo que un partido normal se da como unas cien veces... o más.

En otros deportes, como el rugby, esto se respeta casi como algo sagrado. En el fútbol, la tradición es que protestarle al árbitro "forma parte del juego", porque, ya se sabe, "estamos a mil pulsaciones". Esto es como lo del adelantamiento del portero en el penalti: como la norma se incumple siempre, hay que valorar si el árbitro debe ser más o menos estricto o flexible para permitir cierto grado de incorrección.

Las tarjetas por este motivo son de las más importantes para el control del partido. Si el árbitro impone la ley del silencio desde el principio, puede conseguir el objetivo de que los futbolistas se repriman o, al contrario, enfadarlos aún más y meterle en el dilema de mantener el criterio o suavizarlo para no quedarse solo en el campo. Ser demasiado transigente con los malos modos de los jugadores también le generará problemas, porque un jugador que protesta y es indultado será un pésimo ejemplo para el resto. Una explicación o advertencia a tiempo al jugador pueden evitar la tarjeta, pero demasiada palabrería supone pérdida de autoridad, un concepto vital que tenía muy claro un árbitro de regional que fue reprochado en el descanso por su excesivo rigor al llevar ya diez amarillas.

—Árbitro, estás poniendo en listón muy alto.

—¡Pues a saltar todo Dios!

Muchas veces se sanciona menos lo que se dice que cómo se dice. Un comentario, incluso despectivo, es tolerado si el jugador lo hace de forma calmada y sin gestos. En cambio, un grito o los brazos en alto normalmente son sancionados de forma automática. Pensemos en algo tan común como decirle al árbitro "¿Qué pitas?". Si es de forma educada, el futbolista incluso recibirá una respuesta. Si es un alarido que se escucha en todo el campo, lo que recibirá será una tarjeta. Ya no digamos algo que sienta tan mal como un aplauso irónico o incluso una carcajada. Desde luego que se puede amonestar a un jugador por reírse; hay risas más faltonas que algún insulto.

Retardar la reanudación del juego
Perder tiempo es demasiado fácil en el fútbol. En un deporte en el que de los noventa minutos rara vez el balón está en juego más de sesenta, los equipos que quieren parar el partido encuentran todo tipo de artimañas legales para conseguirlo.

Aunque la FIFA ha intentado poner coto a esto, las herramientas del árbitro siguen siendo muy limitadas. No puede obligar a un jugador a ir corriendo a realizar un saque, no puede impedir a un portero sacar de meta en el extremo del área contrario de donde recoge el balón ni puede negar la asistencia al que la pide por muy sospechoso que le pueda parecer que los futbolistas del equipo que va ganado caigan como moscas mientras sus rivales pueden seguir el partido incluso cojeando. Tampoco puede obligar a un sustituido a salir por la línea más cercana, aunque casualmente con el marcador a favor el entrenador siempre cambie al jugador más alejado del banquillo.

Contra todo este tipo de trampas, el árbitro solo dispone de dos armas. La primera, añadir todo lo que se pierda, algo que casi nunca se hace por el temor a la tensión de ese tiempo extra, en el que normalmente se dan todos los problemas. Un árbitro veterano siempre dirá que prefiere que le reclamen no añadir dos minutos más a que lo coman por un penalti en el 97. No es un razonamiento justo, pero posiblemente siga subyaciendo en la mente de muchos. Tampoco el añadido compensa el otro beneficio que obtiene el equipo que no quiere jugar: enfriar el partido, coger aire, cortar el ritmo e incluso aburrir al público.

La segunda arma es buscar el momento para sacar la tarjeta de forma correcta, cuando un jugador traspasa la línea de la legalidad.

Cuando el árbitro percibe que un equipo empieza a dormirse en los saques y a tener dolores misteriosos, debe ponerse en alerta y ser más sensible ante cualquier pérdida de tiempo irregular. Si un jugador aleja el balón una vez que se ha detenido el juego al principio del partido, lo normal es que solo lo advierta. Si lo hace cuando va ganando y la actitud empieza a ser sospechosa, será el momento ideal para mostrarle la tarjeta.

La Regla tipifica cinco ejemplos de pérdida de tiempo, que provocarán la amonestación de los jugadores cuando:

- finjan lanzar un saque de banda, pero dejen de repente el balón a un compañero para que efectúe el saque;

- retarden la salida del terreno de juego durante una sustitución;

- retrasen excesivamente la reanudación del juego;

- pateen o lancen el balón lejos, o provoquen deliberadamente un enfrentamiento tocando el balón después de que el árbitro haya detenido el juego;

- ejecuten un tiro libre desde un lugar erróneo para forzar su repetición.

Especial atención merece el cuarto motivo, provocar un enfrentamiento tocando un balón. Según la interpretación de hace años, aquí se incluye una de las acciones clásicas del fútbol, la de ir a recoger el balón debajo de las redes después de lograr un gol, supuestamente para acelerar la reanudación cuando se va por debajo en el marcador. Este gesto es una tremenda estupidez. El balón siempre llega al medio antes que los jugadores a su campo. Si además se provoca lío porque el equipo que recibe el gol retiene el balón, lo único que va a conseguir es perder un minuto con una absurda discusión. Por si fuera poco, en esta confrontación, el que comete la ilegalidad es el delantero, no el portero o el defensa que sujeta el balón. Tiene su lógica: el dueño de la pelota es el equipo que va a realizar el siguiente saque. Por eso, en estas jugadas, si se monta una tangana, el futbolista que va a "robar" un balón que no es suyo es amonestado de forma obligatoria y curiosamente lo será por el motivo opuesto a su objetivo: retardar la reanudación.

Entrar/salir sin permiso

Las sanciones por entradas indebidas las vimos en la Regla 3. Salvo que la salida sea por una acción del juego y el reingreso sea inmediato, hay que pedir permiso para volver al campo. Esta autorización solo la da el árbitro y deberá ir acompañada de una revisión si sale por incumplir la Regla 4 (equipamiento) o por tener herida sangrante. Hacerlo sin permiso es motivo de amarilla e indirecto donde está el balón, si lo hace un jugador y no interfiere. Si lo hace un sustituto o sustituido o un jugador interfiriendo, será tiro libre directo o penalti.

Salir sin permiso también lleva el castigo de la tarjeta. No hace falta pedirlo si es una acción del juego o si es por lesión. En el resto de casos también supone indirecto donde está el balón y amonestación.

Esta infracción es "acumulable". Es decir, si un jugador entra sin permiso y evita un ataque prometedor con la mano, debe ver dos amarillas y la roja. En cambio, si sale y entra sin permiso verá solo una tarjeta, al considerarse la misma acción.

No respetar la distancia

La Regla cita tres saques en los que es tarjeta colocarse más cerca de lo estipulado: los tiros libres (9,15 metros del balón como norma general), los saques de banda (2 metros) y los saques de esquina (9,15 metros del área de esquina). Por lo tanto, no es amonestación, salvo reincidencia, hacerlo en un saque inicial o un penalti, excepto los adelantamientos del portero como veremos en la Regla 14.

Los adelantamientos de las barreras han sido demasiado tolerados por los árbitros. Centímetro a centímetro, el defensa ganaba terreno sin que fuese sancionado. Por eso, surgió la idea del espray, que ha dado magníficos resultados en el fútbol de elite, ya que deja en evidencia a los que infringen la norma. El invento tiene padre, un periodista argentino, Pablo Silva, que en 2002 se enfadó porque al chutar a puerta, la barrera se adelantó tres metros. "El árbitro no lo hizo repetir y se armó el despelote. Cuando volvía a mi casa me fui maquinando, muy enojado, con idear

Enlace 12.32 La historia del aerosol

algo para evitar esas situaciones", contó años después. Después de muchas pruebas y conseguir fabricar un producto que se adaptase al fútbol, el aerosol hizo su debut en 2008, en el campeonato argentino. Convencer a International Board llevó más tiempo y no fue hasta la reunión de marzo de 2012 cuando dio su visto bueno definitivo, después de permitir su uso experimental en la Copa América de 2011. La generalización de su uso ha terminado en los tribunales, con una demanda del inventor contra la FIFA en la que pide 100 millones de dólares.

Esa marca ha servido para que árbitros y jugadores se queden sin excusa para cumplir la norma. Los goles de tiro libre han aumentado al tiempo que disminuyeron las amonestaciones por este motivo.

Infringir reiteradamente las Reglas de Juego

Quizá el buen sentido en la aplicación de esta causa de amonestación sea una de las facetas que distingue a los grandes árbitros del resto. Las Reglas poco explican y se limitan a dejarlo todo en sus manos con una simple frase: "No hay un número de infracciones ni otro tipo de indicación específica sobre lo que implica infringir reiteradamente". Por no aclarar, ni siquiera señala a qué tipo de infracciones se refiere, dando a entender incluso que a un jugador que saca muchas veces mal de banda o que cae mucho en fuera de juego se le puede amonestar, algo que no tiene pies ni cabeza. El sentido común y varias aclaraciones aclaran que se refiere a acciones de falta, es decir, las de la Regla 12.

Hay acciones que son tarjeta siempre, las que los árbitros llaman "innegociables", como una entrada brusca o una mano que impide un ataque prometedor. Aunque no siempre sea así, esas acciones son tarjetas en el minuto 1 y en el 90, bien sea la primera del jugador o incluso la del equipo. Por otro lado, están las tarjetas que quedan más o menos a discreción del árbitro, esas en las que debe medir el ambiente del partido, su efecto tranquilizador o agitador o incluso si supone o no la expulsión.

En esa línea va esto de "infringir reiteradamente". Aunque en teoría solo se debe aplicar a título individual, a aquel que comete varias faltas que por sí mismas no tienen la gravedad suficiente como para ser amonestables pero en conjunto perjudican el desarrollo del juego, en la práctica se debe valorar la conducta general. El árbitro debe ponderar cuánto corta el juego cada uno de los equipos para poner freno a aquel que solo quiere destruir. Si en media hora de partido lleva hechas diez faltas por una del rival, debe ponerse en alerta para no perdonarle una tarjeta "negociable" o sancionar, si se da cuenta, al futbolista que reincide. Esto último no resulta nada fácil, porque a diferencia del baloncesto, el árbitro no lleva la anotación de cuántas faltas ha hecho cada uno.

Las expulsiones

Los motivos de expulsión son ocho y son los mismos para jugadores que para sustitutos y sustituidos. Este año tenemos la expulsión tecnológica, que consiste en entrar en la sala de vídeo, donde están el VAR, el AVAR y sus pantallas.

Los motivos de expulsión
1. Impedir con mano intencionada un gol o malograr una oportunidad manifiesta de gol.
2. Malograr un gol o una oportunidad manifiesta de gol de un adversario que sigue una trayectoria dirigida en su conjunto hacia la portería del infractor mediante una infracción sancionable con un tiro libre (excepto las situaciones de penalti con intención de jugar el balón).
3. Juego brusco grave.
4. Escupir o morder a alguien.
5. Conducta violenta.
6. Emplear lenguaje y/o gestos ofensivo, insultante o humillante.
7. Recibir una segunda amonestación en el mismo partido.
8. Entrar en la sala de vídeo.

Hay dos que apenas merecen explicación. Escupir a una persona es siempre expulsión, aunque no consiga su objetivo y dos amarillas, lo mismo. El árbitro no puede, en el caso de doble amonestación, mostrar directamente la tarjeta roja, sino que debe enseñar antes la amarilla para que público y jugador sepan que no es directa, aún incluso en el caso de que las acciones que den lugar a ello sean sucesivas. Esto le sucedió al irlandés Baird, que zancadilleó a dos rivales en diez segundos. El turco Cakir dio ventaja en la primera acción, sancionó la segunda falta y para sorpresa del jugador, le sacó tres tarjetas consecutivas: dos amarillas y una roja.

El resto merecen un análisis más detallado. Vamos con ello.

Evitar ocasión manifiesta de gol

La Regla 12 la subdivide en dos motivos: expulsión por evitarla con la mano y mediante otra acción sancionada con tiro libre. Es una norma que nace después del Mundial de Italia 1990, cuando la FIFA se planteó favorecer el juego de ataque castigando más severamente la destrucción del juego. Los medios la simplificaron rápidamente y la llamaron "ley del último defensor", como si lo único

Vídeo 12.33 Cakir muestra tres tarjetas seguidas

que hubiese que tener en cuenta era si el jugador que hacía la falta tenía más compañeros por detrás. Con el tiempo, International Board fue haciendo sucesivas recomendaciones sobre lo que era ocasión manifiesta de gol y lo que no, hasta quedarse con los puntos actuales que figuran en las Reglas. Estos son los cuatro aspectos que debe valorar un árbitro:

- distancia entre el lugar donde se cometió la infracción y la portería;

- dirección del juego;

- probabilidad de mantener o controlar el balón;

- posición y número de defensores

¿Qué quiere decir esto? ¿Si la acción es lejos de la portería nunca puede ser ocasión manifiesta? ¿Para ser expulsado, el jugador tiene que ser obligatoriamente el último defensa? ¿Nunca hay expulsión en un regate hacia la banda? Pues la respuesta a todas estas preguntas es que no. El árbitro debe valorar la acción en su conjunto y casi jugar a adivino: cuántas opciones tendría el balón de acabar en las redes si no se hubiese producido la infracción.

Imaginemos una falta a cincuenta metros de la portería. Es muy difícil que pueda haber ocasión manifiesta de gol a esa distancia, pero podría ser que la acción fuese tan clara (por ejemplo, que no hubiese portero) que lo correcto sería la expulsión. Igual de relativa es la importancia de ser o no el último defensor. Si la acción es cerca del banderín de esquina, esto apenas tiene valor. Por el contrario, aún sin ser el último, la acción puede ser roja igual, si las opciones de llegar a la jugada de los otros defensas son escasas. Lo mismo pasa con el control del balón. Lo normal es que se exija que esté en poder del atacante, pero si el control es inminente, la ocasión manifiesta de gol puede existir. Como ejemplo, la mano de Iniesta en el último minuto del partido de Champions ante el Atlético. Un caso claro de expulsión, aunque el árbitro sacó amarilla.

Vídeo 12.34 Mano de Iniesta

Si ya era complicado decidir cuándo una acción es ocasión manifiesta de gol, la IFAB le dio en 2016 otra vuelta de tuerca a la jugada y después de muchos años de debate, buscó acabar con el "triple castigo": el penalti, expulsión y partido de sanción. Muchos interpretaban que era excesiva pena para una acción muchas veces involuntaria, como el portero que llega tarde en el mano a mano con el delantero, y que rompía demasiado el partido, sobre todo si sucedía en los minutos iniciales, como aquel Barcelona-Athletic de la temporada 15/16 donde el meta Iraizoz vio la roja a los dos minutos. Las consecuencias de un posible error arbitral en estas acciones también eran tremendas.

Sin embargo, la solución no era fácil. Si se rebajaban a solo amarilla todas estas acciones, sería demasiado tentador para el defensor evitar un gol buscando el posible premio de que el rival fallase el penalti. Acordaos si no de la parada de Luis Suárez en el último minuto de la prórroga de los cuartos de final del Mundial de 2010 frente a Ghana. Nunca se arrepintió de ver la roja. Los africanos fallaron ese penalti y varios más en la tanda posterior y Uruguay consiguió el pase. Para cuanto más si esa acción se hubiese quedado en una simple amonestación.

La IFAB resolvió el dilema de la siguiente forma. Fuera del área no cambió nada. Si un jugador evita ocasión manifiesta de gol, se debe ir al vestuario. En cambio, dentro del área, la norma general es que el penalti vaya acompañado de amarilla, pero para evitar que pudiesen ser demasiado rentables las palomitas de defensas o los placajes a la desesperada, dividió las infracciones en dos tipos, unas merecedoras de amonestación y otras de expulsión.

Cuando un jugador impida un gol o malogre una oportunidad manifiesta de gol del equipo adversario mediante una mano deliberada, el jugador será expulsado independientemente de donde se produzca la infracción.

Cuando un jugador cometa una infracción contra un adversario dentro de su propia área de penalti que malogre una oportunidad manifiesta de gol de un adversario y el árbitro conceda un penalti, el infractor será amonestado si la infracción constituía una tentativa de jugar el balón; en todas las demás circunstancias (p. ej. agarrar, arrastrar, empujar, imposibilidad de jugar el balón, etc.), el jugador infractor deberá ser expulsado.

¿Qué tienen en común todas estas acciones? La intencionalidad. Un jugador que sujeta o empuja a otro cuando encara portería, sabe lo que hace y para qué lo hace. Lo mismo un jugador que mete el pie por detrás sin buscar para nada el balón. Son los penaltis "voluntarios": el jugador quiere derribar al contrario o evitar con las manos un gol casi seguro. En esos casos, no debe librarse de la expulsión, como le sucedió al valencianista Mangala ante el Barcelona en la temporada 16/17.

Vídeo 12.35 Jugada de penalti y expulsión

Queda entonces la amarilla para acciones de ocasión de gol en las que el jugador hace un penalti "involuntario", aquellas en las que busca el balón y no consigue darle, encontrándose con el jugador. Son las típicas de portero contra delantero, en las que llegar una décima de segundo tarde era un fallo de cálculo que costaba la roja. O aquellas en las que

Enlace 12.36 El As metiendo la gamba con el triple castigo

driblan al defensa que mete el pie buscando la pelota y encuentra la pierna del rival. Para ese tipo de acciones, la IFAB rebajó el castigo a amonestación, pero para ninguna más. El "triple castigo" sigue existiendo, por mucho que los medios intenten confundirnos.

Cuando esto se empezó a aplicar, en 2016, surgió una incongruencia: si un jugador evitaba una ocasión manifiesta de gol dentro

de su área sin intencionalidad era amonestación, el mismo castigo que si evitaba un ataque prometedor en esa situación. Por eso, la FIFA dio unas instrucciones a mitad de temporada que se incluyeron en las Reglas del año pasado: si un jugador evita un ataque prometedor con una infracción imprudente sancionada con penalti no debe ser amonestado si hubo intención de jugar balón. De esta forma, la acción de portero con delantero de la que hablábamos antes que no sea ocasión manifiesta de gol no conllevará nunca amarilla si es sancionada con la pena máxima.

En este cuadro lo veremos más claro:

Acciones de penalti	Evita ocasión de gol	Evita ataque prometedor
Tentativa de jugar el balón	Amarilla	Sin tarjeta
Sin intención de jugar el balón o mano	Roja	Amarilla

El juego brusco grave y la conducta violenta

Aunque a efectos disciplinarios comparten la misma sanción (la expulsión), conviene distinguirlos. Son acciones en las que un jugador emplea "fuerza excesiva", "brutalidad" o "pone en peligro la integridad física de un adversario". La diferencia es que en el juego brusco grave el balón está en disputa, mientras que en la conducta violenta no. Por eso, el primero es siempre sobre un adversario (nadie le disputa el balón al árbitro o a un espectador), mientras que lo segundo se puede cometer sobre cualquier persona.

El juego brusco grave es la acción en la que la FIFA ha puesto más empeño para unificar criterios arbitrales. Cada temporada, edita decenas de vídeos de acciones reales con la solución oficial, aunque la cantidad de jugadas "grises" hace que sea muy difícil convencer a todos y mucho más distinguirlas en el campo. Durante muchos años se redujo el término a "entrada por detrás", una definición que a día de hoy es totalmente engañosa. Lo que condiciona que esta disputa sea expulsión es la fuerza y el riesgo de lesión, por lo que puede existir juego brusco grave en las entradas de frente y laterales. Ni siquiera tocar el balón evita la expulsión. Dándole la vuelta, tampoco es cierto que toda entrada por detrás sea roja. Una simple zancadilla para frenar un ataque, aunque se desentienda total-mente del balón, será simplemente amarilla si no hay fuerza excesiva.

Dentro de las acciones de juego brusco grave, los codazos en los saltos son un clásico. Son muy complicados de percibir por el árbitro, muchas veces tapado por el cuerpo de los jugadores. Otro hándicap es la habilidad de los marrulleros para sacar el brazo a paseo de forma discreta. Una vez visto el brazo en el cuerpo del rival, debe tomar la decisión disciplinaria. Hace años, se dio una instrucción muy ilustrativa para ponderar la gravedad de estas acciones. Si el futbolista usa los brazos como "herramienta", es decir, se impulsa con ellos para saltar sin elevarlos de forma antinatural y chocan con un adversario, será solo tiro libre directo. Si lo usa como "escudo", intimidando al rival, elevándolo por encima del hombro y convirtiendo la acción en peligrosa, amarilla. Si el brazo se convierte en "arma" y hay movimiento hacia la víctima, es un caso claro de expulsión.

La conducta violenta es algo parecido, pero más grave, ya que no hay balón en disputa. Puede estar en juego, pero alejado de la zona donde se produce la infracción. Es lo que popularmente se conoce como "agresión" y, como dijimos antes, puede cometerse sobre cualquier persona con idéntico castigo. No se le puede dar un puñetazo a nadie, aunque sea tu compañero de equipo. Desde 2016, esta acción, si se produce dentro del terreno de juego y con el balón en juego, es sancionada con tiro libre directo o penalti, salvo que sea sobre un espectador, en cuyo caso sería balón a tierra. Para escándalo de los defensores de los animales, solo hay conducta violenta sobre humanos, así que salvajadas como la del argentino que lanzó un perro hacia la grada habría que encajarlas en "lenguaje ofensivo" para expulsarlo justamente. Lo mismo para el panameño que mató a una lechuza, mascota del Atlético Junior de Barranquilla.

Vídeo 12.37 Lanzamiento del perro a la grada

Vídeo 12.38 La patada que mató a la lechuza

Las Reglas incorporan dos importantes aclaraciones sobre la conducta violenta. Primero, no hace falta que exista contacto para que se produzca; con la intención es suficiente. En segundo lugar, hace mención expresa al hecho de que golpear en la cabeza o en la cara sin disputa de balón es siempre roja, salvo que la fuerza empleada sea insignificante, como podría suceder cuando se trata de un simple gesto de menosprecio.

Emplear lenguaje ofensivo, insultante o humillante

Cuando la protesta se convierte en insulto, la amarilla se transforma en roja. Da igual que el agredido verbalmente sea árbitro, contrario, espectador o compañero de equipo, aunque eso solo es la teoría. Nunca se vio una expulsión por una discusión subida de tono entre un defensa y su portero y los árbitros son más sensibles a los insultos a su persona que a un rival.

¿Por qué sucede esto? Por un lado, porque el árbitro es la autoridad y ni en la vida civil ni en la deportiva es lo mismo atentar contra un agente que contra un ciudadano normal. Por otro lado, está la costumbre y un cierto sentido práctico. Cuando vemos esas tanganas en los partidos más calientes, está claro que se están diciendo de todo menos bonito. Si el árbitro se mostrase implacable con este punto de las Reglas, el resultado sería una media de tres expulsiones por equipo. De hecho, normalmente ni los jugadores piden el castigo para el rival en estos casos. Son cosas del fútbol, por muy extraño que parezca que insultar a alguien pueda formar parte de la normalidad de un deporte.

El insulto siempre es expulsión, por muy "suave" que pueda ser. Desde "tonto", "burro" o "ciego" o mandarlo a paseo para arriba. También lo son las amenazas, como citar a alguien para después del partido cuando no es precisamente para tomarse unas copas. La blasfemia también entra en este apartado, aunque obviamente es muy distinto que uno mente a lo más sagrado lamentándose por fallar una ocasión de gol a que lo haga dirigiéndose al asistente porque ha señalado un fuera de juego.

Vídeo 12.39 Cuauhtémoc Blanco se burla del árbitro

Fijaos que la Regla habla también de gestos. No cuesta mucho imaginarse cuáles son, desde llevarse las manos a los testículos a los cortes de mangas. Otros gestos, como la señal de las gafas, han tenido diferentes castigos; unos lo interpretaron como roja y otros como amarilla. De cómo se puede humillar a una persona sin abrir la boca dio buena muestra el mexicano Cuauhtémoc Blanco, que parodió un defecto físico del árbitro en sus propias narices obteniendo de regalo una sonrisa en vez de la merecidísima roja.

El dos contra uno y demás mitos

Esta es la Regla que más leyendas acumula. La supuesta sabiduría popular, propagada a través de los tiempos por jugadores, aficionados y periodistas, choca con las normas reales, aquellas que deben aplicar los árbitros. Aunque muy pocos han leído el reglamento, todos creen saberlo y no dudan en discutir cualquier decisión a los que sí saben algo del tema. Estas son algunas de estas falsas creencias populares que ya hemos explicado:

- No se puede pedir el balón.

- El capitán puede protestarle al árbitro.

- No se le puede ceder el balón al portero con la rodilla.

- La mano involuntaria puede ser sancionada si corta pase.

- Ya no existe el penalti y expulsión.

  Sin embargo, aún faltaban tres mitos por explicar. Una mentira escuchada miles de veces no se convierte en verdad, aunque para los árbitros sea muy difícil ir contra los filósofos del "qué me vas contar tú a mí, que llevo toda la vida viendo fútbol".

- No se le puede tocar al portero en el área de meta. La historia sí que tiene un origen más o menos reglamentario, aunque total- mente desfasado. Hasta hace veinte años, era falta cualquier carga al guardameta en esa zona, salvo que obstruyese a un adversario o estuviese en posesión del balón. Ese párrafo se suprimió y no hay ni una sola línea que especifique que una acción sobre el portero sea más punible que una sobre el delantero, aunque los árbitros han contribuido a esta excesiva protección pitando durante años "peligro" con tanta facilidad que según algunos se había convertido en la inexistente Regla 18. Esto está cambiando poco a poco, aunque los penaltis siempre irán más caros que las faltas a los defensas.

- No se puede jugar en el suelo. No hay nada que prohíba darle una patada al balón o hacer una entrada a un rival mientras se está tirado. Lo único que es castigado con tiro libre indirecto es la acción de retener el balón entre las piernas, porque sería casi imposible disputarlo sin poner en peligro al jugador.

- El dos contra uno. Aún se escucha con frecuencia el grito de "¡Árbitro, saltan dos!". Como si saltan siete. No hay nada que impida disputar el balón siempre que se haga de forma limpia.

PARTE 5
LOS SAQUES

Regla 13. Tiros libres

Aunque popularmente se diga que un jugador saca una falta, en realidad lo que está haciendo es ejecutar un tiro libre. Las faltas se cometen con el balón en juego y se castigan concediéndole este saque a balón parado al equipo contrario. No hay que confundirlos con el penalti, que tiene su regla aparte y no es un tiro libre, sino una forma totalmente distinta de reanudar el juego.

Este saque puede ser directo o indirecto. Solo hay una diferencia entre ambos. En tiro libre directo vale gol obtenido en portería adversaria de forma directa. En un tiro libre indirecto, tiene que ser tocado por otro jugador para que sea válido. Si el balón entra sin que esto suceda, el árbitro dará saque de meta. En propia portería no vale gol directo, como es norma general de todos los saques. Si esto sucede, el árbitro debe dar saque de esquina (si el balón se ha puesto en juego) o repetir el saque (cuando el balón no haya salido del área de penalti y, por lo tanto, no esté en juego).

El árbitro debe señalar que el tiro libre es indirecto levantando su brazo y manteniéndolo en alto hasta que lo toque un segundo jugador, es decir, indicando al bajarlo que el posible gol pasa a ser válido. Si se olvida de hacer este gesto y el jugador marca directamente, el árbitro debe repetir el saque, como si fuese una compensación por no haberlo avisado correctamente, aunque rara vez alguien se fija en esta señal. Cuando un indirecto es pateado hacia meta, el portero se lanza en vez de dejar entrar el balón, por falta de sangre fría o desconfianza.

¿Desde dónde?

El tiro libre se ejecutará, como normal general, donde se comete la infracción. En las faltas de contacto, donde este se produce. En los "delitos a distancia" dentro del campo, donde el objeto golpeó o hubiese golpeado. Y en las protestas, si el árbitro detiene el juego para amonestar o expulsar, donde está el jugador al que se le va la lengua. Esto, como vimos, es especialmente delicado cuando el que pega un grito es el portero mientras el balón se disputa en mediocampo. Si el árbitro lo pilla, además de la tarjeta, su equipo sufrirá un indirecto muy cerca de su portería.

Hay varias excepciones en las que el tiro libre no se ejecuta donde se produce la falta:

- Los tiros libres indirectos dentro del área de meta a favor del equipo atacante, como por ejemplo una cesión o un juego peligroso, se sacarán sobre la línea frontal del área de meta, en el punto más cercano de donde se produjo la infracción. Esta línea es el punto más próximo de la portería rival en el que un equipo puede sacar un tiro libre (5,50 metros).

- Cualquier tiro libre a favor del equipo defensor, dentro de su área de meta, se podrá ejecutar en cualquier punto de dicha área, como si fuese un saque de meta.

- Cuando un jugador vuelve al terreno de juego sin permiso del árbitro, por ejemplo tras ser atendido por lesión, el indirecto se concederá donde estaba el balón. Lo mismo se aplica si un jugador sale del campo sin esa autorización, salvo que sea por lesión o una acción del juego. Si en esta entrada indebida interfiere en el juego, será castigado con tiro libre directo, como vimos en la Regla 3.

- Desde 2016, se puede sancionar una falta que ocurre fuera del terreno de juego. Antes, para poder conceder un tiro libre, era imprescindible que la infracción se produjese dentro del campo.

En la famosa galopada de Bale en la final de Copa de 2014, si Bartra hubiese empujado al jugador del Real Madrid cuando se le escapaba por fuera, solo hubiese sido sancionado disciplinariamente, ya que la reanudación sería con balón a tierra. Hoy, con bastante lógica, se concedería tiro libre directo sobre la línea de banda. Esto se extiende a cualquier infracción contra un adversario en la

Vídeo 13.1 Jugada de Bartra y Bale

que esté implicado un jugador "participante" o bien sea contra un miembro del equipo arbitral fuera del campo. Por ejemplo, si el jugador golpea al entrenador rival o si el entrenador rival lo golpea a él, se sancionará con directo o incluso penalti, si es en la línea de meta a la altura del área. Si esa infracción es contra un miembro de su propio equipo, será tiro libre indirecto. La única excepción es si el implicado es un espectador, en cuyo caso se concederá balón a tierra, lo mismo que si en la acción solo están metidos sustitutos, sustituidos, expulsados o miembros del equipo técnico. Al no haber jugador ni árbitro por medio y ser fuera del campo, no se podrá sancionar con tiro libre.

Infracciones fuera del campo	
Jugador vs Equipo Arbitral	Tiro libre directo/penalti o indirecto (si la falta es indirecta)
Otro vs Equipo Arbitral	Tiro libre directo/penalti o indirecto (si la falta es indirecta)
Jugador vs Adversario	Tiro libre directo/penalti o indirecto (si la falta es indirecta)
Otro vs Jugador Adversario	Tiro libre directo/penalti o indirecto (si la falta es indirecta)
Jugador vs Compañero	Tiro libre indirecto
Otro vs Otro	Balón a tierra
Cualquiera vs Espectador	Balón a tierra
Otro = sustituto/sustituido/equipo técnico/expulsado *Jugador = se entiende jugador "participante" en ese momento* *Adversario = incluye cualquier miembro del equipo rival* *Compañero= incluye cualquier miembro del propio equipo*	

¿Cómo?

El balón estará inmóvil y debe ser pateado. Hubo a quien se le ocurrió sacar un tiro libre con la cabeza. Esto, como no podía ser de otra forma, lo intentaron en el país de Oliver y Benji y después lo copiaron en Tailandia y el árbitro lo permitió en ambos casos, en un claro error técnico: el saque debió repetirse.

Vídeo 13.2 Tiro libre ejecutado con la cabeza

El balón estará en juego cuando el balón se mueve "claramente". Como en el saque inicial, no llega con pisar la pelota o tocarla sin que haya un desplazamiento claro. Esto es fundamental en los tiros libres indirectos, donde muchas veces se busca que el balón cambie de lugar lo menos posible para que el jugador que tire a puerta lo golpee de forma más cómoda. Si el primer jugador incumple esta norma, lo pisa sin moverlo y el compañero marca gol sin que lo toque nadie más, el árbitro debe dar saque de meta, ya que el que realmente reanuda el juego es el segundo jugador y lo hace introduciendo el balón de forma directa en la portería rival.

En las faltas a favor del equipo defensor dentro de su área de penalti, además, es necesario que el balón salga de ella para estar en juego. Esto es desconocido por bastantes jugadores. Cuando el árbitro manda repetir uno de estos tiros libres porque un segundo jugador lo toca dentro del área, normalmente sale un listillo recordándole que no es un saque de meta, cuando ambas reanudaciones tienen en común el momento en el que el balón se considera otra vez en juego.

A diferencia del penalti, están permitidas las fintas siempre y cuando el árbitro estime que no son conducta antideportiva. También está permitido levantar el balón con uno o ambos pies, algo que parece un tanto ilógico ya que habrá un momento en el que haya contacto con el balón en el aire.

La distancia de los adversarios

La norma general es que tengan que estar a 9,15 metros, pero hay dos excepciones.

- En los indirectos a favor del equipo atacante que están a menos de 9,15 metros de la portería. Como no se va echar a los defensas del campo, pueden situarse sobre la línea de meta entre los postes. Es decir, la barrera más cercana en el fútbol estará a 5,50 metros del balón, que es la distancia de la frontal del área pequeña. Hay que recalcar que los únicos que tienen este derecho son los que están bajo palos. Los que se sitúen en otra posición tienen que respetar los 9,15. Y el portero tampoco tiene el privilegio de poder estar un paso al frente; tiene que mantenerse de forma estricta sobre la línea de meta hasta que se ejecute.

- En las faltas a favor del equipo defensor dentro del área de penalti, los adversarios deben estar, además de a 9,15 metros del balón, fuera de esa área. Sin embargo, si un equipo saca rápido y estos jugadores que no cumplen la norma no molestan, el árbitro debe darle agilidad al juego y no parar el partido. Esta acción aparece ahora reflejada literalmente en la Regla 13. En 2008 aún no lo estaba y por eso surgió bastante

Vídeo 13.3 Gol del Getafe en el Bernabéu

debate después de un tanto del Getafe en el Bernabéu aprovechando que el Real Madrid celebraba un gol sin darse cuenta de que estaba anulado por fuera de juego. Algunos dijeron que el árbitro no debió permitir la reanudación con delanteros dentro del área mientras se ejecutaba el tiro libre indirecto, por infracción al procedimiento. Pese a que este supuesto no estaba tan claramente permitido como ahora, la decisión, por el espíritu del juego, fue correcta.

Árbitro, que no pidió pasos

Uno de los aspectos que las Reglas dejan demasiado abierto es el procedimiento para que los adversarios se coloquen a la distancia reglamentaria. La Regla 13 la define claramente, como vimos en el punto anterior, y la convierte en una obligación cuando dice que "deberán permanecer" a esa distancia. Es una pequeña utopía. Primero, porque un jugador no está obligado a saber medir con exactitud los 9,15 metros. Segundo, porque situarse tan lejos sería dar facilidades al rival.

En otro apartado, la Regla intenta matizar esta obligación y dice lo siguiente:

> Si al ejecutar un tiro libre un adversario se encuentra más cerca del balón que la distancia reglamentaria, se volverá a ejecutar el tiro a menos que se pueda aplicar la ventaja; pero si un jugador ejecuta un tiro libre rápidamente y un adversario que se halla a menos de 9,15 metros intercepta el balón, el árbitro permitirá que el juego continúe. No obstante, un adversario que impida deliberadamente el saque de un tiro libre deberá ser amonestado por retardar la reanudación del juego.

La aclaración es muy razonable, pero apenas se da en el fútbol. Hablamos de una acción en la que un jugador saca tan rápido el tiro libre que los adversarios no han podido desaparecer para cumplir con la obligación de respetar los 9,15 metros. Normalmente, el jugador que está por allí se hace el despistado para molestar lo más posible.

¿Entonces? ¿Cómo deben actuar los árbitros? La Regla es estricta y obligaría a amonestar a todos los jugadores que no respetasen esa distancia. Entre ese rigor imposible y la permisividad de que un equipo ralentice por sistema los saques hay un término medio. Ahí aparece la leyenda no escrita ni conforme a las normas, pero muy práctica, de que un jugador puede ponerse a 4 o 5 metros y si al ejecutor no le parecen suficientes, le pida al árbitro que mida la distancia. El problema es que con frecuencia se reduce a la mitad y el defensor se coloca encima del balón. Esta es de las cosas que matan el espectáculo, ya que multiplica el tiempo de juego muerto y penaliza al equipo que quiere jugar.

De esta trampa, los árbitros han sido cómplices durante mucho tiempo. ¿Cuántas veces se ha visto amonestar a un jugador por ponerse a uno o dos metros sin necesidad de que el balón le acabe tocando? Pocas o ninguna y bastantes son los que ni siquiera lo advierten de su incorrección. Cuando esto sucede, por cierto, el defensa siempre recurre a la misma falacia: "Árbitro, es que no pidió pasos". No los tiene que pedir. Bloquear un tiro libre es algo que no se puede hacer, pidan o no pidan distancia, le toque o no le toque el balón.

Como los futbolistas descubrieron hace tiempo que la única forma de que el árbitro amoneste al jugador que le está tocando las narices es que el balón le acabe impactando, la cosa ha degenerado en esa estúpida moda de sacar la falta lanzando la pelota contra el adversario para pedir tarjeta. Con la norma en la mano, esta acción incluso puede ser amonestación a ambos: a uno por retardar la reanudación del juego y al otro por sacar contra el rival con el único fin de provocar su castigo. El árbitro veterano lo resolverá no sacándosela a ninguno.

Quizá sea imposible evitar que cuando el árbitro pita una falta en la frontal del área, con clara opción de gol directo, los defensas acudan rápido a impedirlo. Sin embargo, en el resto de tiros libres, no se puede permitir que se tarde hasta medio minuto en sacarlos esperando a que dejen de estorbar al ejecutor. Una mala costumbre que ya desde niños se les inculca y la orden desde el banquillo de "uno delante del balón" convierte este mito en una realidad que empobrece el juego.

Regla 14. El penalti

Es el máximo castigo técnico del fútbol y el origen de la mayor parte de las polémicas. Es difícil acordarnos de una falta directa mal señalada en el medio del campo, pero la misma acción cuando sucede en el área se convierte en algo trascendental, origen de debates y excusas que duran décadas. El más famoso de ellos, el que le dio el Mundial a Alemania en 1990, aún colea en Argentina. Lo señaló el mexicano Codesal y en 2006, el que lo transformó, Andreas Brehme, dijo que no había sido. Se supone que cuando el árbitro no lo pita, ha privado a un equipo de un gol, pero eso está lejos de ser algo exacto. Según un minucioso estudio de CIHEFE (Centro de Investigaciones de Historia y Estadística del Fútbol Español), solo el 74 % de los 6514 penaltis señalados en la liga española hasta 2015 acabaron con la pelota dentro de las redes.

El fútbol nació sin penaltis. No eran necesarios porque, en aquella bella concepción de este deporte, nadie cometería jamás una falta de forma deliberada. Sin embargo, esa caballerosidad acabó degenerando en trampa. Muchos defensas no dudaban en utilizar cualquier artimaña para evitar el gol. Curiosamente, la invención de este castigo se le atribuye a un guardameta, el del Miltford, William McCrum. Su federación, la irlandesa, llevó la idea a la reunión de International Board de 1890, ante cierta repulsa de la opinión pública, algo que empezó a cambiar después de una escandalosa parada de un jugador de campo para evitar un tanto en los cuartos de final de la FA Cup de ese año, en el partido entre Stoke City y Notts County. Antes, la reanudación casi nunca acababa en gol, ya que esta acción solo se sancionaba con un tiro libre con barrera tan cerca de la portería que era casi imposible marcar.

La propuesta inicial decía así:

Si un jugador golpea intencionadamente o sujeta a un jugador contrario, o toca el balón con las manos de forma deliberada dentro de las doce yardas de su propia línea de gol, el árbitro concederá al equipo contrario un tiro penal, que se lanzará desde cualquier punto de la línea de 12 yardas de la línea de meta, en las siguientes condiciones: todos los jugadores, a excepción del jugador que ejecuta el tiro penal y el portero, deberán estar detrás de la pelota y al menos a seis yardas de él; la pelota estará en juego cuando se lanza el tiro. Un gol puede ser anotado en un penal.

El primer penalti se lanzó el 14 de septiembre de 1891. Fijaos que el portero podía adelantarse hasta 6 yardas (5,50 metros) mas allá de la línea y el delantero elegía el lugar dónde lanzarlo, dentro de la línea de 12 yardas (11 metros). En 1902 se creó el punto fatídico, el lugar desde donde hay que colocar el balón aunque esté embarrado, inundado o destrozado. No es correcto ejecutarlo desde otro lugar aunque se halle en muy mal estado. En 1937 se obligó a todos los jugadores a situarse detrás del balón. En 1997 se le permitió al portero moverse lateralmente entre los postes, ya que hasta entonces tenía que tener los pies quietos hasta el lanzamiento. Y en 2015, la FIFA decidió homenajear a McCrum y restauró su tumba, 125 años después de que su invento se convirtiese en el máximo castigo técnico que puede imponer un árbitro.

Vídeo 14.1 Un penalti fuera del campo

La colocación

Como bien es sabido, se sanciona un penalti cuando un futbolista del equipo defensor comete una falta directa con el balón en juego dentro de su área de penalti. Esto es cierto y es obvio, aunque desde 2016 no es totalmente correcto, ya que incluso puede pitarse un penalti cuando la infracción se produce fuera del área: como vimos en la Regla 13, si en una acción del juego un futbolista comete una falta sobre otro fuera del campo, se considera que la ha realizado sobre la línea más cercana. Si un atacante regatea a un rival más allá de la línea de meta, a la altura del área, y lo zancadillean, esta acción sería penalti, como ya sucedió en un partido en Italia.

El balón estará en juego cuando es pateado y se mueve claramente hacia delante. Para lanzar el penalti, como para realizar un saque inicial, es obligatorio que el árbitro dé la señal, o sea, que pite. No lo podrá hacer hasta que todo el mundo esté en su sitio y se cumplan todos estos requisitos:

- El balón, como vimos, debe estar inmóvil en el punto.

- El ejecutor debe estar claramente identificado. Es curioso, pero son pocos los árbitros que cumplen este precepto y asumen que el que coge el balón y lo coloca va a ser el lanzador. Quizá por eso, obvian la pregunta de "¿lo va a tirar usted?", para no dejar sorprendido al jugador con una cuestión que parece tan elemental. Sin embargo, como veremos, es importante hacerlo, porque si después lo lanza otro, el equipo perderá el penalti.

- El guardameta debe estar sobre la línea de meta entre los postes y solo puede moverse sobre ella, sin adelantarse, algo que no se cumple casi nunca. Otra de las curiosidades de la Regla es que tiene que colocarse de frente al lanzador, por lo que está prohibido que se ponga de espaldas. El lanzador no tiene la misma obligación: él sí puede estar de espaldas al portero e incluso lanzar de tacón.

- El resto de jugadores tiene que situarse:

  - Fuera del área del penalti.

  - A más de 9,15 metros del balón (es decir, fuera del semicírculo del área).

  - Detrás del punto de penalti. Pueden estar en un lateral del área, pero no más adelantados que el balón. Por eso, en un penalti nunca hay fuera de juego.

El árbitro solo puede autorizar el lanzamiento cuando todo esté en orden. A partir de ese momento, no interrumpirá en ningún caso la acción y actuará de acuerdo al siguiente apartado.

Las infracciones del penalti

Cuando se habla de las infracciones de la Regla 14, nos referimos siempre al momento que transcurre entre que el árbitro da la señal y el jugador ejecuta el penalti. Si se comete antes, el árbitro tomará las medidas disciplinarias oportunas, pero no permitirá el lanzamiento. Si ocurre una vez que el balón es puesto en juego, se convierte en una acción normal del partido.

¿Qué puede suceder entre el pitido del árbitro y la puesta en juego del balón? Lo más habitual, lo que sucede por sistema, es que el portero se adelante y varios jugadores entren en el área. Casi nunca se sanciona, lo cual nos ofrece una de las grandes paradojas del fútbol: por una norma que no queda a interpretación del árbitro, que es tan objetiva como ver si un futbolista traspasa una línea o no, no se cumple. De hecho, cuando un árbitro lo penaliza tiene más lío que cuando hace la vista gorda. La fuerza de la costumbre.

Vídeo 14.2 Los adelantamientos de Beto

Vídeo 14.3 Repetición del penalti en Toledo

El debate sobre la decisión del árbitro se centra entonces en saber si fue o no demasiado estricto, es decir, si el portero se adelantó lo suficiente o no como para sancionarlo o si los jugadores entraron mucho o poco en el área. Así, en la famosa tanda de penaltis de la final de la Europa League entre Braga y Sevilla, nos llevamos las manos a la cabeza con los metros robados por Beto ante la atenta mirada de dos asistentes de área que se buscaban el uno al otro como diciendo "mándalo repetir tú". Sin embargo, cuando en el último minuto de un Toledo-Arenas de Segunda B de la temporada 16/17 el asistente levantó la bandera para mandar repetir el lanzamiento, el comentario que más se escuchó, incluso entre árbitros, fue que había sido "demasiado riguroso".

La Regla es más sencilla y, por una vez, no deja todo a criterio del árbitro. Jugador que pisa la línea del área o del semicírculo o portero que da paso adelante, violan la norma.

Sin embargo, hay más infracciones que pueden suceder antes de lanzarse el penalti. La más popular es la famosa *paradinha*, que las Reglas nombran como "finta al patear el balón una vez finalizada la carrera". Esta norma se aprobó para el Mundial de Sudáfrica de 2010 y tiene una lógica clara: como el guardameta suele tirarse hacia uno de los lados unas décimas de segundo antes de que se patee el balón, con ese amago, el delantero puede marcarle el gol de forma sencilla lanzándoselo al lado contrario.

Dentro del penalti, hay otras dos infracciones específicas. Una ya está mencionada: que lance un compañero no identificado del ejecutor. La otra es que el ejecutor lance el balón hacia atrás o incluso de cabeza. Son supuestos más extraños, pero a los que la Regla 14 también les da solución.

La tabla del penalti

Ya hemos visto lo que no se puede hacer durante la ejecución del penalti. Ahora vamos con la resolución de cada caso. Este es el resumen esquemático.

Infracciones del penalti	Gol	No gol
Adelantamiento atacantes	Se repite	Tiro libre indirecto donde infracción
Adelantamiento defensas	Gol	Se repite
Portero se adelanta	Gol	Se repite y amonestación
Finta ilegal del ejecutor / Ejecutor no identificado lanza	Tiro libre indirecto en el punto de penalti y amonestación	
Balón pateado hacia atrás	Tiro libre indirecto en el punto de penalti	
Infracciones de ambos equipos	Se repite, salvo que haya una más grave (por ejemplo, finta ilegal con adelantamiento del defensa)	

Esta tabla, en vigor desde 2016, tiene bastantes novedades sobre la anterior:

Infracciones del penalti (hasta 2016)	Gol	No gol
Adelantamiento atacantes	Se repite	Tiro libre indirecto donde infracción
Adelantamiento defensas	Gol	Se repite
Portero se adelanta	Gol	Se repite
Finta ilegal del ejecutor / Ejecutor no identificado lanza	Se repite y amonestación	Tiro libre indirecto en el punto de penalti y amonestación
Balón pateado hacia atrás	Tiro libre indirecto en el punto de penalti	
Infracciones de ambos equipos	Se repite siempre	

¿Qué ha cambiado? Básicamente tres cosas:

- El portero que se adelanta pasa a ser amonestado si el penalti no se marca. La IFAB pretende de esta forma castigar más severamente esta infracción, aunque no parece que lo haya conseguido. Ojo: si se marca el gol, aunque el portero se adelante, no es tarjeta.

- La finta ilegal hace que el equipo pierda el penalti aunque se marque el gol. Antes, si lo marcaba, se le dejaba repetir. Fue lo que le pasó a Messi en un partido de Champions en el que hizo la *paradinha* más clara que se recuerda, lo que demuestra que se puede ser un crack mundial y no tener ni idea de las Reglas. A día de hoy, su ignorancia le hubiese costado un tiro libre indirecto en el punto de penalti. Es amonestación siempre.

Vídeo 14.4 La paradinha de Messi

- Infracciones de ambos equipos. Antes, se repetía siempre. Ahora, se sanciona la más grave, lo cual ha generado un auténtico lío. Las Reglas solo ponen dos ejemplos. El primero es el caso de que el ejecutor hace una finta ilegal al tiempo que un defensa entra en el área. Razona que como la infracción del ejecutor es merecedora de tarjeta y la del defensa no, se debe sancionar el indirecto en contra del atacante. El caso se complica en el segundo caso tipificado, en el que se aclara el supuesto de que coincidiesen la *para.inha* con el adelantamiento del portero. La respuesta es tan lógica que acaba siendo ilógica:

▸ Si el penalti se marca, el portero no es amonestado y el ejecutor sí. Por lo tanto, se castiga al ejecutor con indirecto, por ser lo suyo más grave.

▸ Si el penalti no se marca, portero y ejecutor son amonestados y por lo tanto cometen infracciones de igual gravedad. Por lo tanto, el penalti se repite.

Esto podría parecer de sentido común, pero fijaos en el resultado: si el ejecutor marca el gol, es castigado con indirecto; si lo falla, se le deja repetir.

La contradicción de la Regla 14

En las Reglas 12 y 13 enunciábamos uno de los principios universales del fútbol: para poder sancionar a un jugador con tiro libre, la infracción debe producirse con el balón en juego. Esto se rompe solo con el penalti. Como vimos, hay varios casos en los que el juego se reanudará con indirecto cuando el atacante viola las normas antes de patear el balón.

Esto choca con la lógica del resto de Reglas. Por ejemplo, si un jugador saca de meta con la cabeza. Como el balón tiene que ser puesto en juego con el pie y se incumple el procedimiento, el saque debe repetirse. Si hace lo mismo en un penalti, se le sanciona con indirecto en el punto. Si en un saque inicial, un futbolista entra en campo contrario antes de que el balón se ponga en movimiento, hay que ejecutarlo de nuevo las veces que haga falta. En el penalti, los adelantamientos de los compañeros del ejecutor se sancionan con indirecto si no se transforma en gol.

Hasta ahora hemos hablado de las infracciones típicas del penalti, pero podríamos imaginar otras que se verían igualmente afectadas por esta norma. Por ejemplo, si después de dar la señal y antes de que se lance, un atacante golpea a un defensa. Habría que ir a la tabla como si de un adelantamiento se tratase. Si el gol se marca, el penalti se repite; si se falla, indirecto. No es directo, como debía serlo si el balón estuviese en juego, porque se rige por esa excepcionalidad de esta Regla 14 para infracciones en ese espacio de tiempo entre pitido y puesta en juego del balón.

La tanda de penaltis

Aunque la tanda de penaltis se desarrolla en la Regla 10, como parte del resultado de un partido, tiene más lógica explicarla en esta Regla 14. Como bien sabe cualquier aficionado, es un sistema que se utiliza para decidir el ganador de un encuentro o eliminatoria. Se le atribuye el invento a un gaditano, el directivo del Cádiz Ramón Ballester. Las soluciones anteriores a los empates no le convencían y eso que eran de lo más variopinto. La más usada era jugar nuevas prórrogas de quince minutos sobre la original de treinta hasta que marcase uno de los equipos, lo que a veces se hacía eterno. Más injusto parecía el sorteo, que le costó a España la presencia en el Mundial de 1954 después de empatar con Turquía en el Olímpico de Roma. Un *bambino* maldito, Franco Gemma, con los ojos vendados, eligió la papeleta de los otomanos. La semifinal de la Eurocopa de 1968 siguió el sistema de lanzamiento de moneda para que Italia eliminase a la Unión Soviética después de 120 minutos de igualdad.

Ballester consiguió poner en marcha su idea en el Ramón de Carranza, el clásico trofeo veraniego. La final de 1962 la jugaban Zaragoza y Barcelona y el árbitro era un portugués, Joaquim Campos. Después de empatar a un gol, se llegó a ese momento histórico. Cada equipo lanzó cinco penaltis, pero de forma seguida y en porterías distintas. Los jugadores del Zaragoza empezaron y marcaron tres. Instantes después, en la meta contraria, el Barcelona marcaba otros tres. Otro empate. Esto no estaba previsto, por lo que hubo polémica. Los aragoneses querían que el azar decidiese ya el ganador, los catalanes una nueva tanda. Se decidió sortear si había más penaltis o moneda al aire y salió lo primero. El Barça se consideraba superior en puntería y estaba en lo cierto. Marcó sus cinco penaltis y el Zaragoza ya falló el primero de su serie.

La historia no siempre es justa y los méritos de este visionario español se los apropió el exárbitro alemán Karl Wald, que logró que la federación alemana primero y la FIFA y la UEFA después diesen el visto bueno a este sistema de desempate. La primera vez que se utilizó en competición oficial fue en 1970, en la semifinal de la Copa Watney entre Hull City y Manchester United, y lo hizo con los mismos preceptos que en el Carranza. Lanzó primero el United sus cinco tiros, propiciando que el primer gol oficial en una tanda fuese para un ilustre: George Best. Los tiros alternos no se aprobaron hasta 1976, cuando Panenka marcó su famoso penalti en la final de la Eurocopa que Checoslovaquia le ganó a Alemania. Hubo dos campeones del mundo gracias a los lanzamientos desde el punto fatídico: Brasil, en 1994, frente a Italia e Italia, en 2006, frente a Francia.

Un sistema no tan sencillo

Algo tan simple como lanzar unos penaltis ocupa dos páginas de las Reglas. Por ser un sistema tan excepcional y decisivo, sus supuestos están descritos con bastante detalle y son bastante desconocidos por el público. Vamos con ellos.

- Antes de empezar hay que hacer dos sorteos. Hasta 2016, la portería la elegía el árbitro. Esto suponía dejar en sus manos una decisión arbitraria y polémica, sobre todo en finales en las que los fondos los ocupan hinchas de los equipos. La IFAB establece ahora que la moneda decida, salvo que el árbitro deba imponer el sentido común por seguridad o estado del terreno de juego. Es curioso que este sorteo no vaya unido al tradicional y que uno escoja portería y otro quién lanza primero. De hecho, no está nada claro cómo realizar el sorteo de la meta: si lo debe hacer el árbitro diciendo que si sale cara nos vamos a la derecha y si sale cruz a la izquierda o con el capitán ganador del sorteo eligiendo. La segunda opción parece que se va imponiendo.

- El segundo sorteo está más claro. Hasta 2003, el ganador lanzaba primero. Ahora, se le deja elegir si lanza el primero o el segundo penalti. La estadística dice que ganan más tandas los que empiezan tirando (sobre un 60 %), lo que no impide que los capitanes aún sigan tomando decisiones que provocan el espanto de los matemáticos. Italia, en la Euro 2008, dejó la iniciativa a España y lo mismo hizo el Atlético con el Real Madrid en la final de Champions de 2016. La explicación a esta ventaja parece que radica en que, como los penaltis normalmente se marcan, el equipo que lanza más tarde lo hace con la presión de verse por debajo. "La moneda también juega. El efecto es tan grande que el momento más determinante de una tanda ocurre en el lanzamiento de la moneda", explica el profesor Ignacio Palacios-Huerta, el mejor estudioso del tema. La FIFA parece haber tomado nota y en 2017 introdujo de forma experimental el método de *tie-break* en varios torneos sub-17 para disminuir la importancia del sorteo. Parece que el sistema puede acabarse implantando, ya que la Supercopa de Inglaterra de 2017 también se decidió con este formato, con victoria del Arsenal sobre el Chelsea. De esta manera, el equipo que ejecuta el segundo lanzamiento también ejecutará el tercero, para dar lugar después a dos tiros consecutivos del rival. Es decir, sería una serie AB-BA-AB-BA-AB. Si después de estos cinco penaltis hubiese empate, se iría al sistema de muerte súbita, pero cada equipo seguiría teniendo dos penaltis seguidos. Como las estadísticas están para romperlas, en el pasado Mundial se llegó cuatro veces a la tanda y en las cuatro ganó el equipo que lanzó el segundo penalti.

- Solo podrán participar en la tanda los jugadores que terminaron el partido, con la excepción de que se permite la sustitución del portero, pero únicamente en caso de lesión y de que su equipo no haya agotado las sustituciones. Sin embargo, cualquiera de los jugadores participantes podrá ejercer de guardameta, por ejemplo, si el entrenador se da cuenta de que es incapaz de parar ninguno y piensa que el delantero lo haría mejor.

- Antes y durante la tanda tiene que haber el mismo número de jugadores participantes en cada equipo. Si uno termina el partido en superioridad numérica, bien sea por expulsiones o lesiones, deberá excluir a los futbolistas que sean necesarios para igualarse con el rival. Presumiblemente, echará a los que peor lancen, pero con cuidado: "excluir" significa que no pueden tirar, pero tampoco hacer de portero. Esto es una ventaja para el equipo con más futbolistas y tiene lógica. En la histórica tanda de penaltis de la final de Copa de Grecia de 2009, el AEK terminó con once jugadores, mientras el Olympiacos sufrió dos expulsiones. De no haber existido esta norma, cuando se llegó al décimo penalti, el Olympiacos ya podría elegir a sus mejores lanzadores, mientras que el AEK hubiese tenido que recurrir a dos con los que jamás hubiese deseado contar para jugarse el título. Se llegaron a ejecutar 34 penaltis, con victoria 15-14 para el Olympiacos. Si una vez empezado el desempate un equipo sufre una lesión o expulsión, se debe proceder a igualar otra vez el número, excluyendo su rival a un lanzador.

- No hay número mínimo de jugadores en la tanda de penaltis. Si un equipo se queda con menos de siete jugadores no se suspenderá el partido, pudiéndose dar el caso ridículo de que quedase un solo futbolista lanzando y parando todos los tiros.

- No hay que comunicar el orden de lanzamientos. La clásica escena del entrenador dándole un papelito al árbitro pasó a la historia. Según vayan tirando, irá tomando nota. Ningún jugador puede lanzar un segundo tiro si no han lanzado antes todos sus compañeros "elegibles". No hay que mantener el mismo orden que en la primera serie de lanzamientos.

- La tabla del penalti sigue la misma lógica que la del penalti durante el partido, pero donde antes había tiro libre indirecto ahora se considera penalti no marcado. Se añade otro supuesto, también novedoso: si un jugador no lanza su penalti porque ha abandonado el terreno de juego, se le considera como fallado. Antes, si un jugador obligado a participar en la tanda no estaba en el campo, los lanzamientos se suspendían. Así quedaría la tabla:

Tanda penaltis	Gol	No gol
Portero se adelanta	Gol	Se repite y amonestación
Finta ilegal del ejecutor/ Ejecutor no identificado lanza	Penalti fallado y amonestación	
Balón pateado hacia atrás/ Jugador no ejecuta su penalti	Penalti fallado	
Infracciones de ejecutor y portero	Se repite, salvo que haya una más grave (por ejemplo, finta ilegal con adelantamiento del portero y se marca gol, es más grave la finta porque conlleva tarjeta)	

- Si un equipo ha marcado más penaltis de los que pudiese transformar su rival metiendo todos los que le quedan, la tanda finalizará. Un error en esta simple operación matemática provocó una de las situaciones más surrealistas de la historia del fútbol, la final del campeonato brasileño de 1973 entre el Santos de Pelé y la Portuguesa. Con 2-0 para el Santos y dos penaltis por tirar por equipo, el árbitro, Armando Marques, dio por terminado el asunto. Unos lo celebraron y otros se negaron a reanudar la tanda cuando, ya en el vestuario, el trío se dio cuenta de su clamoroso error. La

Enlace 14.5 Los penaltis del campeonato de Brasil

Federación tomó una salomónica resolución e hizo campeones a los dos clubes.

Enlace 14.6 El penalti del Granada-Guadix

Vídeo 14.7 El penalti más largo del mundo

Vídeo 14.8 El portero que celebra antes de tiempo

- Cualquier combinación entre suelo, espalda del portero, larguero y postes está permitida, algo que no siempre fue así. Las Reglas aclaran que el gol es posible "hasta que el balón deje de moverse, deje de estar en juego o el árbitro detenga el juego por una infracción". Esto no estaba tan claro cuando en octavos de final de Copa del Rey de 2001, el Granada venció al Guadix con un último penalti que despejó el portero, tocó en el larguero y acabó entrando después de botar en el suelo. El árbitro, Pereñíguez Pérez, lo dio por bueno, aunque algunos aún insistían en que la interpretación anterior estaba vigente.

La llegada de Youtube nos ha descubierto que la realidad supera a la ficción y hemos visto penaltis muy divertidos, sobre todo para el que los marca. La palma se la lleva el de un partido en Italia, donde el balón acaba entrando después de botar más allá del área pequeña y cuando el portero lo estaba celebrando fuera ya del área grande. Ese tanto valió un ascenso. Más simpático es el de un presuntuoso guardameta que se golpea el pecho orgulloso de su parada mientras el balón aún está vivo y camino de las redes. En ambas jugadas, el gol es válido.

- Dos supuestos extraños. Si se rompe la portería durante la tanda, se continuarán lanzando en la otra. Si hay un apagón eléctrico y no se ve, se suspende. Antiguamente, en el segundo caso, se recurría al lanzamiento de moneda.

Más cosas de los penaltis

Para terminar con la explicación de la Regla, unos apuntes más:

- Si el balón choca con un objeto o se deteriora camino de la portería, el penalti debe repetirse. Es la única excepción en la que si esto pasa con el balón en juego no se reanuda con balón a tierra. Si esto sucede después de que haya tocado en el guardameta o en los postes o larguero, ya se aplica la norma general.

- Cuando un penalti es repetido, podrá lanzarlo un jugador distinto al que lo tiró por primera vez. Muy útil si lo ha fallado y le entra el miedo escénico.

- El penalti "indirecto" está permitido siempre que se ejecute hacia adelante y se cumplan el resto de normas. Aunque siempre fue conocido como "el penalti de Cruyff", que lo hizo en un partido ante el Helmond cuando el Ajax ya ganaba 4-0, el más antiguo del que se tiene constancia se lo marcó Dinamarca a Irlanda del Norte en 1957, aunque el primero del que hay vídeo es el de un Bélgica-Islandia, también en ese año. El autor de la genialidad fue el belga Rik Coppens, que le dio el balón a su compañero Andre Piters para que marcase a placer.

Vídeo 14.9 El penalti de Cruyff

Vídeo 14.10 El penalti de Coppens

Esta forma de ejecutar el penalti volvió a la actualidad después de la genialidad de Messi y Luis Suárez. Hubo ganas de buscar polémica aludiendo a que el uruguayo entra en el área antes de tiempo e incluso en alguno de esos programas deportivos de la tele se indicó que debía haberse señalado indirecto. Puestos a ser meticulosos, el penalti debió repetirse, porque los defensas del Celta también infringieron la norma. Desde luego,

Vídeo 14.11 El penalti de Messi y Suárez

ninguno lo hizo en mayor grado del que la costumbre ha acabado por permitir.

Vídeo 14.12 La chapuza de Henry y Pires

Estos experimentos quedan muy bonitos cuando salen bien, pero a todo aficionado al fútbol le vendrá a la cabeza la chapuza de Henry y Pires. Pires rozó solo el balón, que apenas se movió del sitio y Henry no llegó al remate. El árbitro señaló indirecto, al entender que hubo invasión del área antes de tiempo. A día de hoy, la resolución es más complicada, ya que para que el balón esté en juego es necesario que el balón se mueva claramente, algo que no sucede. Quizá lo más correcto con las nuevas normas es indirecto y amonestación por finta ilegal.

▪ El penalti es el único motivo por el que el árbitro debe prolongar el partido más allá del añadido. Pitar el final cuando un jugador va solo contra el portero es un ataque al sentido común, pero no un error técnico. Hacerlo cuando se ha pitado un penalti es ambas cosas.

▪ Una muestra de lo delicada que es esta Regla, con sus múltiples casos y soluciones, es lo que sucedió en el partido sub-19 femenino entre Noruega e Inglaterra. Las inglesas marcaron un penalti en el descuento, pero la árbitra entendió que una compañera de la ejecutora entró antes de tiempo en el área. Después de unos segundos de duda, acabó señalando indirecto, cuando el penalti, por haberse transformado, debía haberse repetido. Casi nadie protestó en el campo (solo la capitana discutió la decisión), pero era un partido oficial y la federación inglesa pidió en los despachos la repetición del lanzamiento. La UEFA accedió, por tratarse de error técnico y Noruega volvió a Inglaterra solo para jugar unos minutos.

Vídeo 14.13 Error técnico en un penalti

▪ Normalmente, un error técnico siempre es mucho más grave que uno de apreciación. Sin embargo, el insólito fallo de visión en la tanda de penaltis de la Youth League entre Chelsea y Valencia, cuando el balón rebota en el soporte interior de la portería, es de los más difíciles de entender de los últimos años. Ni árbitro ni asistente se percataron de que el balón había entrado claramente. El Valencia pidió la repetición de los lanzamientos, pero corrió peor suerte que Inglaterra ya que la UEFA no atendió su reclamación al ser un fallo de vista y no de reglamento.

Vídeo 14.14 Error de apreciación en la Youth League

Regla 15. El saque de banda

Aunque parezca algo intrascendente, el saque de banda es la forma más común de reanudar el juego en un partido de fútbol. Hay partidos en los que se superan los cincuenta, lo que lo convierte en algo digno de estudio para entrenadores y demás analistas del juego. Si el campo es estrecho, se revalorizan hasta provocar tanto peligro como un saque de esquina. Hay especialistas en mandar saques de bandas al área y provocar acciones que complican la vida a defensores... y a árbitros.

Lo que también es digno de estudio sería determinar cuántos de esos saques de banda están mal ejecutados. Si hablábamos de que en los penaltis la costumbre se ha impuesto a la ley, aquí sucede lo mismo. No solo los niños, faltos de coordinación y de enseñanza, sacan mal. Si analizamos como lo hacen los profesionales, a muchos habría que devolverlos a su etapa de iniciación al fútbol.

¿Cómo se ejecuta correctamente un saque de banda? La Regla exige estos tres requisitos:

- estar de pie frente al terreno de juego;

- tener una parte de cada pie sobre la línea de banda o en el suelo al exterior de la misma;

- lanzar el balón con ambas manos desde atrás y por encima de la cabeza desde el lugar en que salió del terreno de juego.

Ambos pies están correctamente colocados. Uno totalmente fuera del campo y el otro tiene parte sobre la línea, aunque la sobrepase

Vídeo 15.1 La dubitativa voltereta del Mundial

El que más llama la atención, por desconocido, es el segundo. Muchos futbolistas creen que está prohibido pisar la línea, pero no solo se puede pisar, sino que incluso se puede superar, siempre y cuando se cumpla la condición de que una parte da cada pie esté sobre la línea o fuera. Esto, además de sorprendente, resulta un tanto contradictorio, ya que el balón se considera en juego cuando entra en el campo. Si el jugador tiene los pies sobre la línea, está sacando dentro del terreno de juego y tocando el balón con la mano cuando, en teoría, ya está en juego.

Está permitido dar una voltereta antes de sacar, siempre y cuando en el momento de lanzar el balón se cumpla el procedimiento. En el pasado Mundial, destacó el amago del iraní Mohammadi en el partido con España, cuando después de la acrobacia se lo pensó mejor y no soltó el balón de sus manos. Hubiese sido una ejecución correcta. Sin embargo, aunque se esté de frente al terreno de juego, con los pies en el suelo y se lance el balón por encima de la cabeza, no está permitido sacar sentado ni de rodillas.

Repetición o saque para el rival

Dentro de las posibles infracciones en el saque de banda hay dos principales soluciones: la repetición del saque o que se le conceda al otro equipo. Sin embargo, hay supuestos un tanto más extraños.

- Se concederá saque al otro equipo si el ejecutor incumple alguno de los tres puntos que vimos en el procedimiento. Por ejemplo, si salta al sacar, si saca de espaldas, si saca con alguno de los pies dentro del campo sin tocar la línea o si solo deja caer el balón en vez de lanzarlo desde atrás de la cabeza, como aquella chapuza de Iker Casillas en el último minuto de la semifinal de Champions contra la Juve.

Vídeo 15.2 La chapuza de Casillas

- Se repetirá el saque si el balón no entra en el terreno de juego, si bota en el suelo antes de entrar o si el equipo se retarda al sacar. Esto último es uno de los mitos clásicos del fútbol. Por asimilación del fútbol sala, muchos creen que existe el cambio de saque, pero esto no es así. El árbitro amonestará al jugador que pierde tiempo, pero el saque seguirá correspondiendo al mismo equipo.

- Si un jugador toca dos veces segui-das el balón sin que la toque otro, se concederá tiro libre indirecto o directo, si lo hace con la mano de forma deliberada. Buen ejemplo de ello fue otro madridista, Pepe, en el Mundial de Clubes. Las prisas no son buenas.

Vídeo 15.3 La chapuza de Pepe

- Los adversarios tienen que situarse a más de dos metros del ejecutor del saque. Son los equivalentes a los 9,15 en la barrera de los tiros libres. Si un jugador obstaculiza el saque, debe ser amonestado y el saque se repetirá.

- La jugada de patio de colegio es legal desde hace años. ¿A qué nos referimos? A aquella que aprovecha a un defensa despistado para lanzarle el balón, que le rebote y así el ejecutor pueda jugarlo. Antes, se sancionaba con tiro libre directo por golpear a un adversario, y amonestación. Ahora, es correcto siempre y cuando no se haga de forma imprudente, temeraria o con uso de fuerza excesiva.

El Albacete usó este recurso contra el Lugo en la temporada 15/16. Incluso el Manchester United hizo lo mismo, pero sobre la espalda de un compañero de equipo. Sin embargo, en otros partidos, se aprovechó la cercanía del adversario para enviarle un balón a los morros, como en una jugada de fútbol femenino, en la que el árbitro creyó en la buena intención del primer saque y permitió un segundo saque donde la actitud agresiva de la ejecutora quedó clara.

Vídeo 15.4 Saque del Albacete contra rival

Vídeo 15.5 Saque del Manchester sobre compañero

Vídeo 15.6 Saque violento contra una adversaria

No es válido marcar un gol directamente de saque de banda. Si se hace en propia meta, el árbitro concederá saque de esquina. Si lo hace en portería contraria, saque de meta. Los lanzadores con saque prodigioso han marcado algún tanto de esta manera gracias a la colaboración del portero, que no puede resistirse a intentar parar el balón y lo acaba tocando, legalizando el gol. Un americano, Michel del Lewis, lo logró dos veces en una semana. Para la duda quedó una acción del Feyenoord en la Europa League. El árbitro entendió que el guardameta rozó el balón, algo que parece discutible en las imágenes.

Aunque parezca increíble, hay imágenes de un gol en propia meta de saque de banda. Sucedió en un derbi de la Premier, entre Birmingham y Aston Villa, en 2002. El defensa visitante Melberg sacó hacia su portero, Enckelman, que intentó controlar el balón pero le pasó por debajo de las piernas. El árbitro entendió que el guardameta tocó la pelota y concedió el gol, pero la decisión correcta hubiese sido saque de esquina. Como nadie sabía la norma, el portero se llevó las manos a la cabeza y lamentó su fallo en vez de reclamar que el tanto había sido ilegal.

Vídeo 15.7 Gol directo de Michel del Lewis

Vídeo 15.8 Gol dudoso del Feyenoord

Vídeo 15.9 Gol en propia meta de saque de banda

Regla 16. El saque de meta

Se concederá un saque de meta cuando el balón haya traspasado totalmente la línea de meta, fuese jugado por última vez por un atacante y no se hubiese concedido gol. Esto incluye tanto a los balones que van fuera de la portería como a los que acaban en las redes después de un gol directo de saque de banda, tiro libre indirecto o balón a tierra.

La Regla no tiene mucha historia. Vale gol directo de saque de meta, pero solo en la portería adversaria. El balón se debe colocar en cualquier punto del área de meta. No tiene que ser sobre la línea frontal, que es lo habitual y tampoco tiene que ser sobre la zona más cercana a por donde sale el balón, como era antiguamente. Esto propicia la táctica de los porteros que, cuando quieren perder tiempo, recogen el balón en un lateral y lo llevan con calma hacia el vértice contrario del área. Es legal hacerlo, siempre y cuando el árbitro considere que no lo hace de forma extremadamente lenta.

El balón estará en juego cuando salga del área de penalti. Si algún jugador lo toca antes de que lo haga, el saque se repetirá. En principio, no implica castigo disciplinario, algo que empiezan a saber muchos jugadores que descubrieron en ello un recurso táctico: cuando sacan en corto y se ven presionados, no dudan en tocar el balón dentro para evitar meterse en líos. La IFAB, sin embargo, le dio potestad a los árbitros para amonestar si estiman que este comportamiento es deliberado para perder tiempo. En su Circular n.º 7 de noviembre de 2016 estableció que si así lo apreciaban, deben mostrar tarjeta. La misma recomendación la hace para un jugador que de forma intencionada saca de banda sin que el balón entre en el campo, sabiendo que la Regla le permite repetirlo.

Vídeo 16.1 Gol polémico de Benzema

Todos los adversarios deben estar fuera del área de penalti hasta que el balón esté en juego. Aquí prevalece la misma lógica que en la Regla 13, cuando hablábamos de los tiros libres dentro del área: el árbitro debe dejar seguir el juego si el equipo que saca obtiene ventaja. Sin embargo, hay acciones para la polémica, como el gol de Benzema en 2015 ante el Athletic. El madridista estaba dentro del área cuando el portero sacó de meta hacia un compañero que, desde fuera del área, se la devolvió. Entonces apareció el francés, para interceptar el pase y marcar gol.

Por aquel entonces, la acción parecía claramente legal, ya que se trataba de una segunda acción. Sin embargo, en las Reglas de 2016, la FIFA añadió un párrafo que parecía querer evitar estas acciones donde el infractor se acaba beneficiando:

> Si un adversario que se encuentra en el área de penalti cuando se ejecuta un saque de meta, o entra en el área de penalti antes de que el balón esté en juego, toca o disputa el balón antes de que toque a otro jugador, se repetirá el saque de meta.

Aún con este nuevo texto, el gol de Benzema sigue pareciendo legal, ya que disputa el balón después de que lo juegue el defensa.

Las jugadas de viento

Cuando uno coge por primera vez un examen para árbitros, alucina con los supuestos por los que se les pregunta. Jugadores que evitan goles lanzando una espinillera, balones que explotan o aficionados que entran al campo para hacer una parada son temas recurrentes. Sin embargo, las acciones de viento son de las favoritas y de las que, uno cuando las lee, no puede hacer otra cosa que exclamar: "¡Eso no pasa nunca!".

Sin embargo, gracias a internet, vimos que estas jugadas no solo ocurren en la mente calenturienta de los instructores de Reglas de Juego. La jugada estrella de los vendavales son los saques de meta. ¿Por qué? Porque ahí el árbitro tiene que distinguir qué hacer si sale el balón del área o no, si el balón entra en la meta o no y si la toca el jugador por segunda vez o no. De muchas acciones ya hay vídeo disponible. Vamos con un pequeño resumen.

- Si un jugador saca de meta y el balón, sin salir del área, vuelve hacia la portería, el saque se repetirá pase lo que pase: da igual que acabe en las redes como que lo toque un jugador. No se ha puesto en juego.

- Si un jugador saca de meta, el balón sale del área y por acción del viento vuelve hacia la portería y entra directamente, el árbitro debe dar saque de esquina: recordad que no vale gol directo en propia portería de ningún saque.

- Si un jugador saca de meta, el balón sale del área y por acción del viento vuelve hacia la portería y lo toca el jugador que realiza el saque, hay que distinguir dos casos:

  ▶ Si ese jugador no es el portero, será tiro libre indirecto por tocar dos veces seguidas el balón, salvo que lo haga con la mano, en cuyo caso será penalti.

  ▶ Si ese jugador es el portero, siempre será tiro libre indirecto, por tocar dos veces seguidas el balón. Aunque la segunda vez sea con la mano, al ser dentro de su área, no se le puede pitar penalti. Le pasó a un guardameta danés y a un juvenil en Galicia. En ambas, el árbitro actuó correctamente para desgracia del equipo.

Vídeo 16.2 El viento devuelve el balón en Dinamarca

Lo que cuesta más entender es la sanción disciplinaria: aunque eviten que el balón entre en la meta con las manos, jamás será expulsión, porque realmente no están evitando un gol, sino un saque de esquina.

Vídeo 16.3 El viento devuelve el balón en Galicia

- Si un defensa saca de meta, el balón sale del área, vuelve empujado por el viento y el portero lo coge con la mano... la respuesta rápida es cesión. Pensándola un poco, nos daremos cuenta que ningún jugador es capaz de hacer este supuesto pase de forma voluntaria. Por lo tanto, no hay infracción y el juego continúa.

Regla 17. El saque de esquina

El córner se creó en la reunión de la IFAB de 1872. Suele provocar un subidón en la grada, pero su importancia en el fútbol es relativa. Según un estudio de la Universidad de A Coruña, solo el 2 % de estos saques acaba en gol. Es decir, se precisan cincuenta intentos para lograr un tanto, una estadística que hace trizas Sergio Ramos en los minutos finales de partido. En 1968, los saques de esquina tuvieron su momento de mayor gloria. En una eliminatoria interminable de Copa del Generalísimo entre Recreativo de Huelva y Oviedo, con partido de desempate, una prórroga de 30 minutos y cuatro más de 10 minutos (¡160 minutos de partido, sin cambios y sin paradas para beber! ¡Para que se quejen los jugadores de ahora del cansancio!), hubo que rebuscar en los reglamentos federativos para dar como clasificado al Recreativo por nueve córneres a ocho. Según algunas normas del fútbol de la calle, tres córneres seguidos se convertían en penalti. Se podría sugerir que algún día la FIFA lo admitiese.

Enlace 17.1 Estudio del saque de esquina

Se concede saque de esquina cuando el balón traspasa la línea de meta después de haber sido tocado por última vez por un jugador del equipo defensor y que no se hubiese concedido gol. Esto incluye cualquier saque en el que el ejecutor haya marcado de forma directa en su portería, siempre y cuando el balón se haya puesto en juego antes. Por ejemplo, si un jugador marca gol de tiro libre en propia meta sin que nadie más lo tocase, el tanto no subirá al marcador y se reanudará con córner.

El saque se realiza desde la esquina más próxima de donde salió la pelota. El balón tiene que estar inmóvil, dentro del área de esquina. Es suficiente con que una parte esté en contacto con el interior o con la línea, aunque sobresalga otra. Sin embargo, a muchos jugadores no les parece suficiente y engañan al árbitro sacando totalmente fuera, imagen muchas veces captada por las cámaras. El ejecutor no puede quitar el banderín para estar más cómodo. Si lo hace, puede ser amonestado.

Los jugadores adversarios deben estar a 9,15 metros del área de esquina, es decir, a 10,15 metros del banderín de esquina. Para ayudar a los árbitros, muchos campos ya tienen esa marca fuera del terreno de juego. Esta línea, como vimos en la Regla 1, no es obligatoria.

El gol olímpico

Como todo buen aficionado sabe, es válido marcar un gol de forma directa de saque de esquina. Este gol, además, tiene nombre propio, aunque no figura como tal en las Reglas: hablamos del famoso gol olímpico. Esta acción no siempre fue válida y la IFAB no la aprobó hasta junio de 1924. Dice la historia que el primer gol marcado de esta forma se produjo el 21 de agosto de ese año en un partido de Segunda en Escocia. Su autor, Billy Alston, no tuvo la misma repercusión que la lograda por el argentino Cesáreo Onzari el 2 de octubre de 1924, cuando logró el histórico tanto que bautizó al tanto directo de saque de esquina.

Cualquiera podría pensar que el gol olímpico se llama así por haber sido marcado en unos Juegos. No es cierto. Onzari marcó su gol en un amistoso contra Uruguay. Un amistoso de 1924 era un poco diferente a los de ahora. De hecho, era la repetición de un amistoso: el que se había suspendido una semana antes a los cuatro minutos de juego porque el público se agolpaba sobre la línea de banda y era imposible de controlar. Este segundo encuentro tampoco llegó a su fin. Entre patadas y lanzamiento de objetos, el árbitro mandó a los jugadores a la ducha unos minutos antes de los reglamentarios.

Antes, en el minuto 15, Onzari ejecutó el famoso córner que supuso el primer gol del partido. El árbitro, el uruguayo Ricardo Vallarino, lo concedió, pese a que aún no le habían notificado la nueva norma. "Esta nueva disposición del reglamento oficial no nos ha sido comunicada a los referís de la Asociación Uruguaya de Football", se quejó. ¿Y por qué se le llama entonces gol olímpico? Pues porque fue logrado contra Uruguay, que venía de proclamarse medalla de oro en los Juegos de París de 1924. Fue el gol de Onzari a los olímpicos. Para ver un gol olímpico en unos Juegos, hubo que esperar a Londres 2012, cuando lo logró la americana Megan Rapinoe en las semifinales ante Canadá.

El jugador que cambió una norma

Los estudiosos de las Reglas se quejan a menudo de las lagunas que tienen. Está claro que es imposible reflejar todos los supuestos que pueden acontecer en un partido, pero muchas veces faltan aclaraciones. Los problemas se multiplican cuando hay algún cambio que choca con otras normas que estaban en el reglamento. La IFAB suele ir resolviendo las dudas, pero sobre todo lo hace cuando esos supuestos se trasladan a la práctica.

Quizá el caso más interesante de estas sombras en las Reglas sucedió en 1926. Como vimos, dos años antes se había aprobado que se pudiese marcar un gol directamente de saque de esquina. El cambio de texto fue muy simple. Antes decían que un tanto no sería válido si no lo tocaba otro jugador. En 1924, esa frase se cambió por otra que reflejaba que "un jugador podrá marcar directamente un gol de saque de esquina". Esto dio pie a que un periodista deportivo, Ernest Edwars incitase a Sam Chedgzoy, jugador del Everton, a que demostrase las carencias del nuevo texto, previa apuesta de dos libras.

Todo se planificó para el partido frente al Woolwich Arsenal. Edwars urgió al futbolista para que lo hiciese en los primeros veinte minutos de partido, para que la noticia llegase a tiempo a la edición de los diarios nacionales, en lo que a día de hoy provocaría una profunda investigación de apuestas ilegales. El futbolista buscó forzar el saque de esquina, hasta que lo consiguió. Entonces, colocó el balón y en vez de pasarlo o colgarlo al área, inició una carrera llevándolo con sus pies hacia portería.

El árbitro dudó y al final le acabó sancionando con falta, pero Chedgzoy llevaba la lección aprendida y convenció al árbitro de que las Reglas no lo prohibían y que incluso el gol, con la reforma de 1924, resultaba válido al desaparecer la obligación de que tocase el balón un segundo jugador. Al segundo intento, el árbitro dejó la jugada. Aunque existen diferentes versiones, al parecer, la acción no acabó en gol. El rival tomó nota y lo intentó en el segundo tiempo. Todo eso llevó a la IFAB a introducir una enmienda donde prohibía jugar dos veces el balón antes de que lo tocase otro jugador, un texto que sigue vigente en la actualidad.

La jugada ensayada del córner

Casi un siglo después, los entrenadores siguen buscando resquicios a esta Regla para sorprender al rival. El problema es que muchas veces también se pilla desprevenido al árbitro y la estrategia no sale como se preveía en la pizarra. En un partido frente al Chelsea en 2009, el mítico Ferguson puso en práctica una jugada que había visto en 1968, en un partido de Copa de Europa del Celtic. Rooney llevó el balón hacia el área de esquina y cuando estaba sobre la línea, lo pisó moviéndolo unos centímetros, como si cambiase de idea, para dejarle realizar el saque a su compañero Ryan Giggs. Sin embargo, el plan era otro. Giggs salió lanzado hacia portería como había hecho Chedgzoy en 1926, centró y Cristiano Ronaldo marcó de cabeza. El asistente dudó y acabó levantando la bandera para avisar a Howard Webb de que el saque era ilegal.

Vídeo 17.2 Gol anulado a Cristiano

Realmente, la acción era correcta. El asistente no entendió que Rooney era el que había puesto en juego el balón. En muchos campos se intentó imitar esta acción. Para evitar que al árbitro también le pille de sorpresa, conviene advertirlo antes de hacerlo. No es necesario que el balón salga del área de esquina para ponerse en juego y que el segundo jugador pueda salir conduciendo el balón; sin embargo, desde 2016, no es suficiente que se mueva, sino que, además, debe hacerlo "claramente", con toda la ambigüedad que tiene el término. Si esto no sucede, se entiende que quien realiza el saque es el que conduce la pelota y cuando la toca por segunda vez, debe ser sancionado con tiro libre indirecto.

Más dudas ofrece si se utilizan palabras para mayor despiste del rival. Imaginemos que Rooney le hubiese gritado a Giggs algo así como "Ryan, saca tú". Quizá ahí se podría interpretar que hubo una acción de conducta antideportiva, que entraría dentro de "distraer de forma verbal a un adversario". También se ha dado la circunstancia de que el defensor se da

Enlace 17.3 Jugada ensayada en Escocia

cuenta de la maniobra y acude corriendo a la disputa una vez que se ha movido el balón. Entonces, el ejecutor reclama que el balón no ha sido puesto en juego y que el defensa tiene que alejarse. La papeleta queda en manos de la interpretación del árbitro, como sucedió en un partido de la liga escocesa entre Inverness y el Partick Thistle.

EL VAR

Para empezar a hablar del VAR (*Video Assistant Referee*), nos trasladamos a 2003. El Sport Boys de Perú, entrenado por Jorge Sampaoli, vencía 0-2 al Sporting Cristal cuando el árbitro, Víctor Hugo Rivera, dio por bueno un gol fantasma en su contra. Se montó el lío y mientras se calmaban los ánimos, el cuarto árbitro consultó la acción con un reportero a pie de campo. "Dicen los de arriba que no entró", informó. Para evitar dudas, vio la repetición y avisó a Rivera del error, que inmediatamente rectificó su decisión inicial. "Hicimos prevalecer la justicia", se defendió. De nada les sirvió su buena intención, ya que lo habían hecho con una herramienta no permitida, por lo que fueron sancionados. Sin embargo, tienen el honor de haber sido los primeros en utilizar algo parecido al VAR. Hubo otro árbitro, aunque ya en fútbol base, que fue precursor del ojo de halcón al conceder otro gol dudoso parando el partido y observando la marca que supuestamente había dejado el balón sobre la tierra.

Los aficionados al fútbol tienen asumido que no siempre gana el mejor. Son capaces de superar el drama de que el Dépor pierda una liga porque Djukic falla un penalti en el último minuto, pero jamás entenderían que López Nieto, el árbitro de aquel infausto día, no lo hubiese pitado. Lo primero fue mala suerte. Lo segundo hubiese sido un escándalo que pasaría a la lista de errores decisivos de la historia, esos que los hinchas, en su eterna frustración, llaman robos. Cada equipo, cada país, tiene uno en su leyenda. Los españoles y los italianos buscan aún la mano negra de sus eliminaciones ante Corea. Los alemanes, la de aquel gol de Wembley que dio el uzbeko Bahramov a los ingleses, que a su vez lloran la mano de Dios de los argentinos, que siguen clamando por aquel penalti del Mundial de Italia que le dio el título a los alemanes. El consuelo de que mañana te darán lo que hoy te quitan se desvanece en la selectiva memoria de los hinchas.

Todos los damnificados por esos errores hubiesen deseado una decisión justa, un árbitro perfecto en medio de un deporte tan impreciso que obliga a llevar la pelota en el pie en vez de en la mano. El fútbol se agarraba a su romanticismo mientras el rugby tenía su TMO (*Television Match Official*) desde 2001, la NBA autorizaba la revisión de jugadas en 2009 y en la Super Bowl los entrenadores podían exigir, dentro de unos límites, que los árbitros comprobasen una decisión con la ayuda de imágenes. Incluso deportes más minoritarios buscaban minimizar los errores apoyándose en la tecnología. En el rodeo con toros americano, los rivales pueden denunciar cualquier ilegalidad cometida por un competidor que no hubiese sido percibida directamente por los jueces. Hasta la Federación Española de Esgrima puso a disposición del fútbol su sistema de videoarbitraje, que se utilizaba desde los Juegos Olímpicos de 2004.

El fútbol recelaba de estos inventos. Las posibles interrupciones del partido, el elevado grado de interpretación que deja el reglamento para la mayoría de las acciones, la imposibilidad de usarla en todas las categorías y hasta la exaltación del error del árbitro como parte de la emoción del juego eran algunos de los argumentos esgrimidos por los contrarios a la tecnología. "De la moviola en el campo pienso todo lo malo posible, sería un desastre", resumió Platini, presidente de la UEFA, en 2014. "El juego, sin discusión, pierde atractivo. Hay que dejar que los árbitros cometan errores. Lo que se está haciendo es complicado y peligroso", concluyó Blatter, expresidente de FIFA.

La introducción del DAG en 2012 fue la primera concesión a la ayuda externa, que no consiguió frenar la sensación de que el fútbol estaba permitiendo situaciones injustas que se podían evitar con los avances técnicos. La federación holandesa fue la que tomó la iniciativa. Después de un período de pruebas, solicitó a la FIFA que aprobase el uso del árbitro de vídeo para los partidos de Copa de 2015. Proponían que se ubicase en un vehículo fuera del estadio. "Sería un paso revolucionario para el fútbol", aseguraban sus dirigentes, que, sin embargo, recibieron calabazas iniciales del máximo organismo durante ese año.

Había que esperar a marzo de 2016. En su reunión anual número 130, la IFAB daba su beneplácito a que se iniciasen los experimentos. Se abría un plazo de dos años para evaluar su efectividad, aunque ya aclaraba que no se buscaba una precisión total, sino "evitar decisiones claramente incorrectas". Era el mismo organismo que en 1970 había solicitado a las autoridades televisivas que se abstuviesen de repetir a cámara lenta las imágenes que demostrasen un error porque comprometía la autoridad del árbitro. Tres meses después de este histórico paso, seis países ofrecieron sus competiciones como campo de pruebas: Australia, Brasil, Alemania, Portugal, Estados Unidos y, como no, Holanda.

El estreno mundial del VAR fue en un partido amistoso entre Francia e Italia. Kuipers recibió asesoramiento desde la sala de vídeo para castigar con amarilla una entrada a De Rossi que parecía roja y para no sancionar penalti en una mano involuntaria en área francesa. "Mis ayudantes estuvieron muy serviciales y en apenas diez segundos ya teníamos la decisión sin cometer error. Los jugadores aceptan así lo que señalas con más serenidad y es mejor para todos, también para los árbitros, que estamos más tranquilos para hacer nuestra labor", apuntó Kuipers. La satisfacción fue tan evidente que la FIFA consideró que ya podía afrontar con garantías su primera gran competición: el Mundial del Clubes de diciembre de 2016.

Las sensaciones de aquel torneo fueron bastante decepcionantes. El húngaro Kassai tomó la primera gran decisión de la historia basada en el VAR, al señalar un penalti a favor de Nacional frente al Kashima que no había visto. Más problemático fue un gol de Casemiro ante el Al Jazira. En primera instancia el árbitro señaló falta, luego lo concedió y finalmente señaló fuera de juego. "No me gusta, creo que el fútbol es mejor sin VAR", resumió Bale. "Están tres o cuatro minutos para tomar una decisión, eso no es agradable", añadió Zidane. Al entrenador del Al Jazira, beneficiado por la decisión, no le pareció tanto tiempo. "Es una cosa muy buena y solo lleva minuto y medio". Algo no había cambiado respecto al arbitraje tradicional: el VAR parecía maravilloso cuando ayudaba al equipo y horrible cuando su veredicto no gustaba.

Vídeo V.1 Del gol del Feyenoord al penalti del Vitesse

El camino de la aceptación del nuevo invento no iba a ser fácil, pero los experimentos siguieron. Se vivían escenas que parecían ridículas, quizá porque aún no estábamos acostumbrados a ellas. En el partido de Supercopa de Holanda, el árbitro anuló un gol por fuera de juego al Feyenoord después de un rápido contraataque. Cuando parecía que iba a revisar la posición del jugador, sorprendió a todos señalando un penalti en la otra área a favor del Vitesse. Del 2-0 se había pasado al 1-1 en dos minutos de incertidumbre. Era de justicia, pero se hacía todo muy raro. En Alemania, el director del VAR fue cambiado a mitad de la temporada pasada después de varias polémicas, entre ellas el posible conflicto de intereses entre sus decisiones favorables al Schalke 05 y su lugar de nacimiento. En enero de 2018, la mayoría de los jugadores de la Bundesliga pedía su eliminación. Pese a todo, la situación se recondujo y la unanimidad entre los clubes fue casi total para que se siguiese utilizando esta temporada.

La gran decisión

En apenas dos años, el VAR no había dejado indiferente a nadie. Su expansión era evidente e incluso había llegado a la FA Cup, el torneo más antiguo de mundo. Todo ello, no lo olvidemos, dentro de una fase experimental, ya que las Reglas de Juego no contemplaban su uso. El Mundial estaba a la vuelta de la esquina y la FIFA tenía que pronunciarse, aunque ya se habían dado pistas de que el visto bueno era un hecho, como así fue. En la tradicional reunión de marzo, la IFAB aprobó definitivamente que el VAR sería ya parte del fútbol. El presidente Infantino lo recibió con honores. "Es bueno para el juego", "representa una nueva era" y "ayuda a aumentar la integridad y justicia" fueron las alabanzas hacia el nuevo sistema. Los datos en los que se apoyaban parecían irrefutables. Con 800 partidos estudiados, el índice de aciertos en jugadas polémicas rozaba el pleno. Sólo se había rectificado una decisión cada tres partidos, lo que hacía que las interrupciones causadas por el VAR no superasen el promedio de un minuto por encuentro. Incluso se hizo una encuesta que decía que el 81 % de los aficionados lo apoyaban.

Estaba claro que el VAR no iba a acabar con todas las polémicas en un juego en el que casi todo es interpretable, como la voluntariedad de la mano en el penalti a favor de Francia en la final. Sin embargo, parece claro que superó con nota la gran prueba de fuego. Según datos de la FIFA, el VAR chequeó 455 incidentes, pero en la mayoría de ellos pasó inadvertido debido al acierto de los árbitros, que solo tuvieron que rectificar su decisión 17 veces en 64 partidos. Se batió ampliamente el récord de penaltis pitados (29), de los cuales 10 fueron gracias a las imágenes de vídeo, lo que provocó una interrupción media de tres minutos entre la infracción y el lanzamiento. Apenas hubo acciones violentas, quizá porque los jugadores se sintieron más vigilados. El mundo del fútbol parece irse acostumbrando a vivir con la incertidumbre de celebrar un gol dos minutos después de que el balón entre en las redes y a aguantar la respiración mientras el árbitro se lleva el dedo a la oreja o mira la televisión a pie de campo.

Esta temporada habrá VAR en todos los grandes campeonatos europeos, excepto en la Premier, la Champions y la Europa League. Los clubes ingleses no lo ven claro y piden más pruebas. La UEFA ve problema en la falta de formación de los árbitros de algunos países que no lo utilizarán en sus ligas. En el resto del mundo, Estados Unidos, uno de los pioneros, seguirá usándolo. China,

Enlace V.2 El mapa del VAR

Corea del Sur y Australia se han sumado ya a la lista. En Brasil y en Argentina el coste económico es, de momento, un hándicap insalvable, aunque la Copa Libertadores lo utilizará a partir de cuartos de final. En España, hace su estreno en Primera División, después de intensas jornadas de formación y pruebas en los partidos de verano. Está previsto que en la temporada 2019-2020 llegue a la Segunda.

El VAR, el VOR y el AVAR

Aunque el VAR tiene su capítulo aparte en el reglamento, muchas de las 17 reglas tradicionales se han visto modificadas por esta revolución. Casi se podrían hacer dos textos diferenciados: uno para el fútbol tecnológico y otro para el fútbol de siempre. La llegada del VAR ha ampliado los motivos de amonestación y expulsión, las causas del tiempo añadido y los miembros del equipo arbitral. Incluso la Regla 1, la del terreno de juego, ha tenido que dar cabida a dos nuevos espacios:

- El área de revisión (RRA, *Referee Review Area*). Es la zona a pie de campo donde está el monitor que puede consultar el árbitro. Debe estar marcada, libre de publicidad y ser visible, ya que el árbitro, con el fin de garantizar la transparencia, no debe desaparecer en el momento que precise revisar una jugada. Puede ser única o existir varias alrededor del terreno de juego.

- La sala de vídeo. Esto es el VOR, que parece el masculino del VAR, pero no es nada de eso. Se trata de la *Video Operation Room*, el recinto donde están el árbitro de vídeo, su ayudante (el AVAR) y el técnico de repeticiones. Puede estar ubicado en el propio estadio o a cientos de kilómetros. En la pasada edición del Calcio, se instalaba en unas furgonetas próximas al campo. En el Mundial estaba centralizado en Moscú y en la liga española estará en Las Rozas. Puede haber más de un AVAR (en el Mundial había tres por partido) y sus funciones son variadas, desde ayudar con la selección de imágenes hasta registrar las interrupciones o comunicarse con el árbitro para indicarle que detenga el juego mientras el VAR realiza una comprobación. Ambos escuchan en todo momento a sus compañeros de campo, pero esta conexión no es recíproca. Cuando desde la sala de vídeo quieren indicarle algo al árbitro, deben pulsar un botón.

En ambas zonas está reservado el derecho de admisión y de ahí nacen nuevos castigos disciplinarios. Si algún miembro de los equipos osa entrar en el área de revisión será amonestado. Si invade ese lugar sagrado que es el VOR, será expulsado. Esto último es un poco más difícil, ya que en muchos casos exigiría tomar un avión, pero quién sabe si algún día un jugador entrará sin llamar a la puerta para quejarse de un penalti no pitado. La otra tarjeta que nace con el VAR es la del gesto de la pantalla: si un jugador lo hace de forma insistente, verá la amarilla.

Las cuatro decisiones revisables
"Interferencia mínima, beneficio máximo". La FIFA ha enarbolado esta máxima como principio fundamental del VAR. Uno de los temores del uso de la tecnología es que intervenga tanto que desvirtúe el fútbol. Por eso, desde un primer momento, se ha fijado de forma clara en qué jugadas puede meterse el árbitro de vídeo y en cuáles no. Es decir, no toda decisión es revisable, sino que, de momento, las Reglas se ciñen a estos cuatro supuestos:

1. Decisiones de gol/no gol. El gol debe haber sido legal en toda la fase de ataque del equipo que lo marca. Esto incluye lo siguiente:

- Infracción cometida por el equipo atacante. Por ejemplo, si hubo una acción de falta o de fuera de juego, debe anularse. También incluye la forma de recuperar el balón, siempre y cuando el ataque que da origen al gol sea inmediato.

- El balón fuera de juego. Si el balón ha traspasado totalmente la línea de banda o meta antes del gol, no puede ser válido.

- Si el balón ha entrado o no. Aquí conviene aclarar que el VAR nada tiene que ver con el DAG. Hay partidos con ojo de halcón, pero sin árbitro de vídeo, como los de la Premier. Los hay con árbitro de vídeo, pero sin ojo de halcón, como los de la liga española. Y los hay con ambos sistemas, como los del Mundial. El DAG es más preciso y más rápido, ya que en menos de un segundo el árbitro ya tiene la información en su reloj. A falta de este sistema, el VAR debe ser el que actúe.

2. Decisiones de penalti/no penalti. Se repiten los dos primeros puntos anteriores, esto es, que son revisables las infracciones del atacante previas al penalti y la posible salida del balón del terreno de juego. Se le añaden estos supuestos específicos:

- La propia decisión de si fue penalti o no, tanto por la infracción como por la ubicación (si la acción fue dentro o fuera del área).

- La infracción del ejecutor y del guardameta en el lanzamiento. Serán revisables las fintas ilegales y, en teoría, los adelantamientos del portero si la acción no acaba en gol. En el Mundial, desde luego, el rigor fue el mismo que antes de la existencia del VAR y no se repitió ningún penalti.

- Los adelantamientos de defensas y atacantes, pero sólo si el balón rebota en el portero, poste o travesaño y los infractores participan directamente en el juego. Es decir, no todas las invasiones de área o del semicírculo son competencia del VAR; solo aquellas en las que haya rechace e influencia clara en la acción por parte del culpable.

3. Tarjeta roja directa. Son revisables las acciones de conducta violenta, juego brusco grave, morder, escupir y malograr una ocasión manifiesta de gol, tanto para suavizar el castigo (convertir una expulsión en amonestación o dejarla en nada) como para imponerlo si el árbitro no la vio o la juzgó de forma demasiado generosa. También serán expulsados aquellos a los que las imágenes cacen haciendo gestos ofensivos, aunque no se leerán los labios de los jugadores e insultar sin ser escuchado seguirá saliendo gratis. Tampoco se entra a revisar acciones de segunda amonestación. Un jugador podrá ser expulsado de forma injusta o podrá seguir en el campo habiendo merecido dos amarillas. Quizá sea el error más grave que pueda cometer un árbitro en los partidos con VAR.

4. Confusión de identidad. Estas cosas que pasan de vez en cuando. El árbitro saca una tarjeta al jugador que no ha hecho la falta. El VAR debe actuar, pero si la acción es de amarilla, sólo se revisa el castigo disciplinario para que recaiga sobre el verdadero culpable. El resto de la decisión, incluida la propia existencia de la infracción, solo se revisa si es una jugada de penalti, gol o expulsión.

Los que nunca se han molestado en aprender las Reglas, tampoco lo van a hacer ahora con el uso de la tecnología. Por eso, fueron muchos los que clamaron contra la nula intervención del VAR en la inexistente falta que dio origen al primer gol de Francia ante Croacia en la final del Mundial. Simplemente hay que repasar los cuatro puntos anteriores para darse cuenta de que la sanción de un tiro libre, por muy decisivo que pueda resultar, no es revisable por sí sola.

El procedimiento
El árbitro debe actuar siempre como si el VAR no existiese. Ni él ni sus auxiliares pueden inhibirse ante una jugada que han visto. Esa decisión será la que prevalezca siempre y cuando no exista un "error claro y manifiesto". La otra posibilidad de rectificación surge ante hechos que no hayan presenciado, como una agresión a sus espaldas, lo que las Reglas llaman un "incidente grave inadvertido". Todo esto, no lo olvidemos, sobre las cuatro acciones que son competencia del VAR: goles, penaltis, expulsiones directas y confusiones de identidad.

¿Qué es un "error claro y manifiesto"? ¡Bienvenidos a la polémica del nuevo fútbol! Partiendo de la base de que ahora no habrá errores de bulto, el debate de cada lunes consistirá en si el supuesto fallo inicial del árbitro era tan evidente que debía haberlo rectificado. ¿Era la mano del croata Perisic tan indiscutiblemente voluntaria como para que el árbitro variase su decisión inicial y señalase penalti a favor de Francia? Este es el tipo de preguntas que nos haremos en la moviola. ¿Por qué intervino el VAR en esta y no intervino en la otra? Las directrices indican que, para poder hablar de error claro, la jugada tiene que ser nítida, indiscutible y aceptada con casi total unanimidad. La idea que transmitió Velasco Carballo a los medios en su faceta de instructor de la FIFA lo deja bastante claro: el VAR no puede decir "creo que es falta" sino que tiene que manifestarse solo cuando la falta es escandalosa. En las instrucciones a los árbitros, se añadía que para actuar "el VAR debe tener la foto, la prueba irrefutable de su intervención. Sin prueba, no hay intervención".

El único matiz que las Reglas incluyen en el procedimiento es que, en determinadas jugadas, se debe esperar a hacer sonar el silbato o a levantar la bandera. Imaginemos que un jugador se queda solo delante del portero y el árbitro detiene el partido porque entiende que ha habido una falta, un fuera de juego o que el balón ha salido del campo. Si su percepción es incorrecta, el VAR no podrá hacer justicia ya que el juego ha sido parado antes del posible tanto. Por eso, en este tipo de acciones

Vídeo V.3 El problema de levantar la bandera sin que acabe la jugada

de posible gol inminente, la recomendación es que tanto árbitros como asistentes esperen unos segundos para después tomar su decisión, pero nunca pueden evitarla. Tomada al instante o con retraso, ese juicio inicial será la base de una evaluación posterior de la jugada. Por eso, siempre debe existir y no es correcto lavarse las manos y pedir el comodín del vídeo. A partir de ese momento, se inician los dos procesos en los que interviene el VAR: la comprobación y la revisión.

La comprobación
Este es el trabajo menos visible del VAR. Todas las acciones de gol, penalti y expulsión directa son chequeadas automáticamente a través de diferentes ángulos. Para ello, utilizará principalmente las imágenes a velocidad normal, dejando la cámara lenta solo para situaciones donde sea importante determinar la ubicación exacta del jugador o del contacto, como pueden ser jugadas de fuera de juego,

faltas donde no esté claro si la infracción fue dentro o fuera del área, goles fantasma o posibles dudas sobre si el balón salió o no completamente del terreno de juego. Para valorar la fuerza de una acción o la intencionalidad de una mano, la recomendación es no distorsionar la duración de la imagen. Esto tiene su explicación en un estudio de la Universidad de Lovaina que, después de someter a varios árbitros a un cuestionario sobre posibles acciones de expulsión, comprobó que tendían a ser excesivamente rigurosos cuando las juzgaban con imágenes a cámara lenta ya que "aumenta la intensidad percibida".

Lo normal es que ni el árbitro tenga constancia expresa del visto bueno a su decisión. Si no recibe noticias, es un claro síntoma de que su decisión no constituye un error claro y manifiesto. Es lo que las Reglas llaman la comprobación silenciosa, aunque en ocasiones se puede reforzar su autoridad con una breve confirmación del acierto. El VAR realiza esto con normalidad mientras el balón está en juego, pero si hay una interrupción y la comprobación aún no está suficientemente contrastada, el árbitro no puede permitir que el juego se reanude. Hará entonces uno de esos gestos que se convertirán en clásicos: señalará el auricular con un dedo y extenderá la otra mano para indicar la detención del partido. La importancia de esto radica en uno de los principios que vimos en la Regla 5 y que hacía referencia a que el árbitro no podía cambiar una decisión si el juego se había reanudado. Nada cambia con el VAR y si permite, por ejemplo, que se realice un saque de banda después de un penalti, el penalti no puede ser señalado. Las únicas decisiones que podrían revisarse en este caso serían las disciplinarias, como los casos de confusión de identidad o las acciones de expulsión por conducta violenta, escupir, morder o gestos ofensivos. Ni siquiera una tarjeta roja por ocasión manifiesta de gol o juego brusco grave podría rectificarse si el árbitro autoriza que el juego siga después de una interrupción posterior.

Si la comprobación no detecta nada raro, como sucede casi siempre, el partido sigue con normalidad. El lío empieza si ve probable que haya un error claro y manifiesto o un incidente grave inadvertido. Ahí avisará al árbitro, que deberá decidir si inicia el proceso definitivo del VAR: la revisión de la jugada.

La revisión
Aquí llegamos al momento culmen, aquel en el que se puede modificar una decisión basándose en las imágenes. Iniciar el procedi-

miento de revisión compete solamente al árbitro y bien puede hacerlo por sugerencia del VAR, como vimos en el apartado anterior, de otro miembro del equipo arbitral o incluso a iniciativa propia, si cree que hubo alguna acción en la que pudo suceder algo importante que no haya visto. ¿Puede rechazar la recomendación de sus compañeros? Sí, aunque no parece algo lógico.

Si el juego está parado cuando el árbitro decide revisar una jugada, el árbitro impedirá su reanudación, por los motivos que ya explicamos. Si el balón está en juego, el árbitro esperará a que el balón esté en una zona del campo "neutral", cuando ninguno de los dos equipos esté atacando y sin esperar a una interrupción natural del partido, que podría tardar varios minutos en producirse y aumentar el caos si después resulta que todo quedaba anulado por una infracción anterior. En ese momento, el árbitro efectuará la segunda señal clásica del VAR y dibujará con sus manos una televisión. El VAR le contará lo que ha visto, lo que puede ser suficiente o no según el caso.

- La revisión basada únicamente en el VAR se utiliza para jugadas objetivas, como la posición de un jugador en fuera de juego, el punto de contacto de una infracción en la frontal del área, un balón que entra o no entra en la portería o que sale o no completamente del terreno de juego. Esto ayuda a darle agilidad a la reanudación en situaciones no sujetas a interpretación.

- Si la acción es subjetiva, como puede ser una infracción de expulsión, la influencia de un atacante en una situación de fuera de juego o valorar una falta en una acción de gol o penalti, el árbitro debe acudir al área de revisión y verla por sus propios ojos. También puede apoyarse en este modo de revisión aunque la acción sea objetiva si le puede ayudar a controlar a los jugadores en un momento especialmente tenso del partido.

No hay tiempo máximo para que el árbitro decida y las Reglas insisten en que debe prevalecer el acierto sobre la fluidez del juego. Una vez tomada la decisión definitiva, hará por segunda vez el gesto de la pantalla de televisión y anulará, modificará o confirmará la primera decisión.

Algunos casos y soluciones
Para dejar más claro el tema del VAR, explicamos algunas acciones que pueden generar confusión.

1. Un jugador en fuera de juego recibe el balón y un defensa le hace falta fuera del área, evitando ocasión manifiesta de gol. El árbitro la señala y le expulsa. El VAR debe revisar toda la jugada de ataque e indicarle al árbitro la infracción previa. La expulsión debe anularse y reanudar con tiro libre indirecto por fuera de juego.

2. Un jugador en fuera de juego recibe el balón y un defensa comete una acción de juego brusco grave. El árbitro la señala y le expulsa. El VAR debe comprobar que la decisión de la tarjeta roja no supone un error claro y no debe revisarse la jugada, ya que el fuera de juego por sí solo no es revisable y la acción es siempre expulsión, independientemente de que hubiese infracción previa.

3. Un jugador amonestado simula ser objeto de falta por un adversario, también amonestado previamente. El árbitro se equivoca y expulsa por doble amarilla al futbolista que no cometió infracción. Al ser acciones de amonestación, el VAR no debe intervenir, ni para evitar la injusta expulsión ni para imponerle castigo al futbolista que engañó.

4. Un futbolista centra cuando el balón está sobre la línea de meta. El asistente entiende que el balón ha salido del campo. Dos segundos después, un compañero remata y marca gol. Esta fue la secuencia de aquel gol mal anulado a España frente a Corea en 2002. El asistente debe retrasar su decisión, al tratarse de una acción de posible gol inminente. Al marcarse el tanto, debe levantar la bandera para dar su opinión. El VAR debe indicarle al árbitro que revise la jugada y conceda el gol, si se demuestra el error claro y manifiesto. La importancia de que el árbitro no pare la jugada de forma rápida es trascendente, ya que si suena su silbato antes de que el balón entre en la portería, el gol ya no puede ser concedido por estar la jugada anulada.

Vídeo V.4 El gol anulado a
España ante Corea

Vídeo V.5 Vídeo-resumen del
VAR

5. Un defensa golpea de forma violenta a un delantero en su área con el balón en juego. Nadie percibe el incidente. A continuación, se realiza un saque de meta. Segundos después, el VAR avisa al árbitro de la acción. Como el juego ha sido reanudado, ya no puede señalarse el penalti. Sin embargo, debe producirse la expulsión por conducta violenta.

6. El árbitro amonesta por error a un defensa por una supuesta zancadilla que cometió otro compañero fuera del área. El VAR se percata del error manifiesto en la identificación, pero también observa que la falta no existió. El árbitro debe rectificar la decisión y amonestar al verdadero supuesto infractor, pero no puede modificar la sanción del tiro libre ni la tarjeta, que no es revisable.

7. ¡El VAR no funciona! ¿Es posible que la tecnología también se equivoque? Pues sí, los fallos técnicos existen. El Boavista recibió un gol en posible fuera de juego. Cuando el árbitro esperaba la comprobación de la jugada, el árbitro de vídeo solo pudo ver una inmensa bandera de ese club que tapaba la cámara que debía ayudarle. Peor fue el momento en el que falló el sistema en Australia. Otro tanto en órsay le valió el título al Melbourne Victory gracias a que en ese momento hubo un fallo en el sistema de transmisión de imágenes. Las Reglas lo dejan claro. Sin VAR también hay fútbol y no hay nada que reclamar. La apreciación inicial del árbitro, sin ayudas externas, es la que vale. Así ha sido en el fútbol durante 150 años y así seguirá siendo en millones de partidos alejados de la elite. ¡Para los pobres nada ha cambiado!

Arbi, ¿qué pitas?

Los espacios	
Área de revisión (RRA)	**Sala de vídeo (VOR)**
- Señalizada, visible - Una o varias, en terreno de juego - Amonestación si se invade	- En el estadio, inmediaciones o lejos - VAR, uno o varios AVAR, técnico de repeticiones - Expulsión si se invade

¿Para qué? ECM o IGI ("error claro y manifiesto" o "incidente grave inadvertido")	
1. Gol/ no gol	**2. Penalti/ no penalti**
- Infracciones del atacante (falta/fuera de juego) - Balón que sale del campo - Goles fantasma	- Infracciones del atacante (falta/fuera de juego) - Balón que sale del campo - Infracción y ubicación del penalti - Infracciones de ejecutor y portero - Adelantamientos de defensas y delanteros. Sólo si rechace y participación directa.
3. Tarjeta roja directa	**4. Confusión de identidad**
- Conducta violenta y juego brusco grave - Morder, escupir, gestos ofensivos - Ocasión manifiesta de gol - NO para doble amarilla o lenguaje ofensivo	- Amonestado/expulsado en vez del infractor - Solo se revisa la tarjeta, no la infracción

¿Cómo?	
1. Comprobación	**2. Revisión**
- Automática por el VAR - Silenciosa si todo OK - Si juego detenido → retrasar reanudación	- La decide el árbitro: recomendación o iniciativa propia - Si juego detenido → retrasar reanudación - Si balón en juego → parar en zona "neutral" - Decisiones objetivas → Revisión únicamente basada en VAR - Decisiones subjetivas → Área de revisión
- Imágenes a velocidad normal para valorar intención e intensidad. - Cámara lenta solo para ubicación y situación (dentro/fuera, gol/no gol, fuera de juego, contacto). - Si el juego se reanuda→ no se puede revisar nada, salvo confusión de identidad y expulsiones por conducta violenta, morder, escupir y gestos.	

www.ingramcontent.com/pod-product-compliance
Lightning Source LLC
LaVergne TN
LVHW051734080426
835511LV00018B/3063